高等职业教育体系比较研究与我国高等职业教育的发展思考

夏廷文　著

山东大学出版社

图书在版编目(CIP)数据

高等职业教育体系比较研究与我国高等职业教育的发展思考/夏廷文著.—济南:山东大学出版社,2018.10
ISBN 978-7-5607-6224-1

Ⅰ.①高… Ⅱ.①夏… Ⅲ.①高等职业教育-发展-研究-中国 Ⅳ.①G718.5

中国版本图书馆 CIP 数据核字(2018)第 257509 号

责任编辑:王　潇
封面设计:牛　钧

出版发行:山东大学出版社
社　址　山东省济南市山大南路 20 号
邮　编　250100
电　话　市场部(0531)88363008
经　销:山东省新华书店
印　刷:济南巨丰印刷有限公司
规　格:720 毫米×1000 毫米　1/16
8.75 印张　202 千字
版　次:2018 年 10 月第 1 版
印　次:2018 年 10 月第 1 次印刷
定　价:25.00 元

前　言

从1980年初建立第一所高等职业技术院校到现在，我国高职教育已经走过了30多年的发展历程。目前，在我国技能技术人才短缺、政府大力推动职业技术教育的背景下，我国高等职业技术教育迎来了发展的良机，但同时也面临许多现实的困难与挑战。除了投入经费不足、传统意识中的教育精英化倾向之外，高等职业教育还面临着招生和就业等诸多方面的现实瓶颈。现如今，学生和家长普遍有升学的愿望，毕业生就业压力较大，因此发展高等职业教育，构建开放的高等职业教育体系势在必行。研究世界各国高等职业教育体系，对找到高职办学出路，找准高职教育在整个教育体系当中的定位，促进高等职业教育协调发展，构建适合我国国情的高等职业教育体系有着积极的借鉴作用。

在全球化的背景下，高等教育呈现大众化的趋势，职业教育中也出现了职教高移的趋势。特别是在发达国家当中，中等职业教育规模和数量正在逐渐缩小，高等职业教育规模则在不断扩大。随着国际往来的日益频繁，职业教育领域的合作与交流也呈现出国际化趋势。在这种趋势下，德国、美国、澳大利亚、新西兰等国抓住了世界高等职业教育发展的机遇，通过不断的自身完善形成了具有符合本国特色的高等职业教育体系，扩大了高等职业教育的社会影响，提高了高等职业教育的社会地位，同时也为国家培养了一大批高质量的优秀专业技术人才。在这种国际性的高等职业教育发展趋势下，我国高等职业教育也面临着国外高等职业教育的挑战。从国际比较的角度看，研究他国高等职业教育体系，对我国整个教育体系的完善、国民技能素质的提高有着非常积极的现实意义。

高等职业教育是我国高等教有的重要类型，在全面建设小康社会、实现我国经济快速发展的进程中发挥着不可或缺的作用。我国高等职业教育先后经历了初创阶段、探索阶段、快速发展阶段，目前已经进入深化内涵、提升质量的重要阶段，而此阶段也是中国由传统社会向现代社会转型的关键时期。中国的企业已经从过去的单一模仿、一味地降低企业生存成本的模式中挣扎出来。企业的命运已经不能采取跟随策略,发展模式和产业结构调整需要高素质的创新性技术人才。一方面,高素质技术人才是保持企业生存的需求;另一方面,企业也需要高素质技术人才参与到生产创新的过程中。因此,加强职业教育与培训,全面提高劳动力素质,推进我国从人力资源大国走向人力资源强国将是职业教育的重要使命。目前,我国高等职业教有在发展中呈现出以下趋势:一是从规模发展转向内涵发展;二是从培养模式选择转向制度创新发展;三是从学院及行业的"供给导向"转市场及行业发展的"需求导向"。要想正确应对经济发展方式转变、产业结构优化升级及资源环境危机的挑战,高等职业教育只有遵循教育发展规律,不断深化教育教学改革,推动机制体制创新,才能强化自身办学特色,切实发挥人才培养及社会服务等重要功能,全面实现高等职业教育可持续发展。

本书分析了职业教育体系的基本内涵,对德国、美国、新西兰、澳大利亚等西方国家的高等职业教育发展历程进行了综述,总结出各国高等职业教育对我国的启示,探讨了国高等职业教育发展历程、发展现状及高等职业教育可持续发展所面临的问题、原因及对策,对新时代我国高等职业教育的改革与发展提出了建议。

作 者

2018 年 9 月

目　录

第一章 职业教育体系的基本内涵

建立和完善符合中国国情、具有中国特色的现代职业教育体系对于加快转变经济发展方式、建设人力资源强国、促进产业结构调整升级、建立现代化产业体系具有重要意义，是我国职业教育未来发展的主要方向。在厘清职业教育发展规律的基础上，深刻理解现代职业教育体系的内涵、结构和功能，探索建立现代职业教育体系的途径，是实现我国职业教育又好又快发展、构建现代职业教育体系的必由之路。

第一节 职业教育体系的概念

职业教育体系是一个集合概念，根据形式逻辑定义法的原则，可以采用属加种差定义法，即首先必须弄清楚体系和职业教育的概念，才能正确理解职业教育体系的概念。①

关于"体系"的定义，许多权威词典都给出了自己的解释。如《现代汉语词典》对体系的定义是："若干有关事物或某些意识互相联系而构成的一个整体。"《现代汉语搭配词典》的解释是："体系，各种因素相互联系的有机整体。"而《辞海》中则定义为："若干有关事物互相联系、互相制约而构成的一个整体。"我们

① 参见杨进：《我国工业化进程与职业教育体系发展的研究》，上海师范大学 2015 年博士论文。

在百度词条中也发现如下定义："体系是指若干有关事物或某些意识相互联系的系统而构成的一个有特定功能的有机整体。"从以上定义来看，大家都一致认可体系具有以下含义：一是体系是由若干要素组成的；二是各要素之间存在相互依赖和相互制约的关系；三是体系是一个具有一定功能和特性的有机整体。

"职业教育"是一个历史性、发展性的复杂概念，其含义与其形态一样也都有一个演变与发展的过程。对于职业教育概念的界定，古今中外的说法很多。近代以来，从马克思到杜威，再到联合国教科文组织，关于"职业技术教育"含义的表述多达30余种。约翰·杜威认为职业教育是使学生将课堂所学的知识转化为科学、熟练运用的技术的一个经常性训练的过程。斯内登认为，凡为生活作准备的教育都可称为"职业教育"。梅斯在《职业教育的原理和实践》中指出，职业教育是为学生将来从事某种特定职业作准备的教育。黄炎培在《教育大辞书》中写道："用教育方法，使人人获得生活之供给与乐趣，一方尽其对群之义务，名曰职业教育。"[①]《国际教育辞典》则指出："职业教育是指在学校内或学校外为提高职业熟练程度而进行的全部活动，它包括学徒培训、校内指导、课程培训、现场培训和全员再培训。当今则包括职业定向、特殊技能培训和就业安置等内容。"顾明远、梁忠义主编的《世界教育大系：职业教育》指出："职业教育就是为了培养职业人的，以传授某种特定职业所需的知识、技能和职业意识的教育。"[②]

在西方，"vocational education""technical education"和"professional education"分别代表了人才培养的三个层次，大致对应我国技术工人、技术员、工程师。1974年，联合国教科文组织使用了"职业与技术教育"(technical and vocational education)这一术语。1999年4月，在韩国首都汉城召开了第二届国际职业技术教育大会，将职业教育和就业培训、在职培训视为一个统一的连续过程，首次使用"技术和职业教育培训"(technical and vocational education and training)这一概念替代传统的职业教育。近年来，联合国教科文组织、国际劳工组织、世界银行、亚洲开发银行等国际机构越来越普遍地采用这一广义的概念。

以上定义从不同角度、不同范围、不同层次对职业教育的含义作了阐述。不同时期职业教育概念的演变也反映了职业教育过程、目的、任务的变化。对职业教育的定义因个人研究的角度不同、个人价值观不同还有很多。那么，在这众多的职业教育概念中，本书应该选取哪一种来界定呢？

在当前教育学研究中，概念分析主要有日常用法分析、定义分析、词源分

① 黄炎培：《教育大辞书》，商务印书馆1928年版，第78页。

② 顾明远、梁忠义主编：《世界教育大系：职业教育》，吉林教育出版社2000年版，第283页。

析、隐喻分析、跨文化分析、条件分析这六种类型。定义总是某一个定义者的定义,定义不能脱离定义者而单独存在,因此定义本身折射着定义者割舍不去的立场、视角和意图。本书是运用属加种差定义法给职业教育体系下定义的,关注的是职业教育体系与其他体系的边界划分,阐释职业教育的概念是为了体现职业教育体系与其他种类的体系的不同,体现这一体系的本质属性。因此,根据这一原则,笔者认为既不能过于泛化职业教育的概念,也不能将职业教育的概念仅仅囿于职业学校教育中。本书基于大职业教育观,选择符合当前国内外职业教育发展趋势的、广义的高等职业教育概念,即联合国提出的"技术和职业教育培训"(technical and vocational education and training)这一概念,它是在普通教育基上对各级各类培养技术、技能人才的教育及培训的总称。它包括职业学校教育和职业培训两个方面。

根据体系和职业教育的定义,我们可以将职业教育体系定义为:由各级各类培养技术、技能人才的教育及培训组成的、既相互联系又相互制约的整体。

由于职业教育体系本身是不断发展变化的,而一个明确的职业教育体系概念又是处于一个相对静止的状态,反映特定历史时期对职业教育体系的认识。因此,本书讨论我国不同时期职业教育体系问题时,职业教育体系的概念内涵或外延将会与时俱进,有一定的变化。然而,职业教育体系的本质特征是确定的。一方面,它是一个系统,必然具有系统的基本特征,即由多个元素组成;具有特定的结构和功能;与外界环境存在交互作用。另一方面,它是职业教育的系统,是由培养各级各类技术、技能人才的教育和培训等要素构成的;它是教育系统的一部分,与其他教育体系相互联系,但又具有相对独立性,在体系结构、运行机制和功能定向上具有自身的特性。

第二节　职业教育体系的结构

要素以特定的方式构成系统,系统内部要素相互联系或相互作用的组合方式就是系统的结构。它是系统的内部构架,是系统得以存在的基本形式,任何系统都是以一定的结构形式存在的。职业教育体系也不例外。职业教育体系结构是指职业技术教育系统内各要素之间的联系方式和比例关系。它是一个多维度、多层次、多样化的综合结构。根据系统与结构的关系,我们可以从组成职业教育体系的要素、各要素结合方式以及影响结构的因素等方面来分析职业教育体系的结构,可以将职业教育体系结构从宏观上分为以下几个维度:

一、职业教育体系的层次结构

职业教育体系的层次结构主要是指各级职业教育学校和培训之间的比例构成以及相互衔接。一方面，职业教育体系层次结构可以划分为初等、中等、高等三个层次。职业教育体系的每一层次都有自身的质和量的规定，各层次之间具有依存性并可相互衔接沟通，高层次在一定程度上要以低层次为基础，这是由体系内部结构有序性所决定的层次进化。随着时代和社会的发展，高等职业教育体系的重心经历了由初等职业教育向中等职业教育再向高等职业教育转移的过程。进入后工业化的发达国家(如美国、英国等)职业教育的主体层次是高等职业教育，初等职业教育基本退出历史舞台。在我国，由于区域社会经济发展的不平衡，我国职业教育体系层次结构是多样化的。东北沿海地区职业教育体系层次重心是高等职业教育，而西部地区初等职业教育在职业教育体系中仍占较大比重。另一方面，根据不同层次之间的衔接方式，可以将职业教育体系分为两类：一种是基于机构的，如日本、我国台湾；另一种是基于学分和资格的，如英国、澳大利亚。[①]

二、职业教育体系的类型结构

职业教育的类型可以从不同角度来理解：一是指各办学机构不同类别的比例构成，如中等职业教育机构中技校、中专、职业学校数量的比例以及它们之间的关系。二是从不同教育阶段来划分，可以分为职业启蒙教育、职业准备教育和职业继续教育三个阶段。职业启蒙教育是指在基础教育阶段实施的、引导学生职业意识、培养一定职业常识的教育。职业准备教育是为初次就业者提供就业所需的知识、技术、技能和素质的各级各类职业教育和培训。职业继续教育则是对已就业人员提供各种职业再教育、再培训，以提高、扩大、更新他们的职业知识和技能。这三个阶段的比重是随着社会经济、技术、文化水平的发展变化的。另外，职业教育体系的类型结构主要指的是具有鲜明职业属性的职业教育种类，即职业教育体系的专业结构。它与教育体系的科类结构不同，不是根据学科类型来划分，也不能与社会职业类型结构一一对应。它与当时社会需求的人才类型以及社会职业结构类型密切相关，受社会和地区的产业结构、技术结构和就业结构的制约。随着经济水平和结构发展的变化，职业教育体系的类型结构必然要相应地进行调整。因此，不同时期、不同地区、不同经济技术发展水平条件下的职业教育体系的专业结构就不同。

---

① 参见关晶、李进：《现代职业教育体系研究的边界与维度》，载《中国高教研究》2014 年第 1 期。

三、职业教育体系的形式结构

职业教育体系的形式有教育形式和办学形式两种情况:教育形式结构主要是分为由职业学校实施的学历教育和由培训机构或企业实施的非学历教育两部分。学历教育目前有全日制和在职业余学历两种形式。非学历教育则有学徒制、就业前培训、上岗培训、转岗培训、在岗提高培训、农民工培训等多种多样的形式。职业教育的形式结构受经济发展水平、技术更新速度、岗位变动频率、社会阶层流动等因素影响。办学形式目前主要有政府办学、企业办学和社会力量办学三种形式。从世界范围来看,学校本位、企业本位、双元制是高等职业教育体系的三种基本范式。德国是双元制的代表国家;日本的企业本位职业教育是其职业教育体系的一大特征;我国则主要实施学校本位的职业教育。

四、职业教育体系的办学结构

办学结构主要是指不同办学主体以及他们之间的办学比例关系。所谓职业教育办学主体是指职业教育的投资者或举办者。目前,我国各级各类职业院校或培训机构的投资办学主体十分多样。总体而言,我国职业教育的办学主体可分为公办和民办两大类。公办职业教育的办学主体是国家政府和行业机构,民办职业教育的办学主体则是除政府之外的社会民间组织机构。但需要注意的是,"办学主体"并不等同于"投资主体",现代职业教育体系中也经常存在"公助民办""教育培训券"等投资主体是政府而办学主体多样化的高等职业教育形态。职业教育体系办学结构与社会经济发展水平、国家教育体制以及人们对职业教育的需求紧密相关。

五、职业教育体系的布局结构

职业教育体系的布局结构主要是指各级各类职业教育在国家、地区、城乡之间的分布及相互之间的关系。布局结构既包括职业教育机构的分布,也包含专业的布局。职业教育体系的布局结构受经济发展水平、产业布局、教育发展水平、劳动力转移方式等因素的影响。因此,不同国家、不同地区、不同经济发展阶段、不同城市化进程条件下的职业教育的布局结构具有明显的差异性。由于我国城市与农村、东部与西部、沿海与内陆经济发展阶段的不平衡性,不同地区职业教育体系布局结构不同。职业教育体系布局结构是一个需要统筹规划和顶层设计的问题。合理的布局结构能够让教育资源得到充分的利用,获取最大的效益。

另外从微观层次来看,职业教育体系要素还有课程、师资、经费、资格证书、行政管理等,这些要素在职业教育体系内以不同的方式组合在一起,发挥着相应的功效。因此,职业教育体系从微观上还可以分为教育机构内部的组织结构、专业课程结构、教师队伍结构等。

第三节　职业教育体系的功能

相对于系统结构的内部规定性而言,功能是系统在与外界环境发生相互作用时表现的规定性,是系统的外部规定。功能不是抽象的,功能发挥必须借助结构这一载体,离开了结构,功能就失去了存在的依据。系统结构与功能具有对应关系,但并非一一对应。不仅一种结构可能表现出多种功能,而且一种功能还可以映射多种结构。系统功能的发挥还与环境密切相关,在不同环境中,同一结构还具备多种功能。职业教育体系的各个结构均有其对应的功能,并且随着外部环境的变化,系统功能也有不同。因此,随着历史的演进,职业教育体系功能是从单一到多样化逐步演化的。从世界范围来看,职业教育体系主要具备四大功能。

一、职业教育体系具有为社会、经济发展提供相适应的技术技能人力资本结构的功能

社会进步、经济发展离不开人力资本的积累和一定人力资本结构的支撑。人力资本是指凝聚在劳动者身上的知识、技能及其所表现出来的能力。这种能力是经济增长和生产发展的主要因素,是一种收益率很高的资本。人力资本结构则是指构成人力资本总量的各层次或各类型人力资本形式的构成比例关系,它反映的是人力资本的质量方面。人力资本与社会经济发展之间存在互相促进的关系。合理的人力资本结构有助于社会经济的发展,而社会经济发展带来的技术进步和经济结构变迁又对人力资本结构提出新的要求。职业教育是给予受教育者从事某种生产、工作所需的知识和技能的教育,是人力资本积累的主要途径。职业教育学校和培训机构是高等职业教育体系的基本要素,它们具有培养技术技能人才的功能。通过职业教育体系的层次划分、类型区分,职业教育和培训机构产出的各层次、各类型人才构成了社会合理的技术技能人力资本结构。不同时期和阶段,随着社会经济的发展带来经济结构和技术结构的变迁对人力资本结构需求发生的变化,职业教育体系可以通过调整、优化体系层次、类型、形式和办学结构,培养技术技能人才,形成相应的人力资本结构,满足社会经济发展需求。因此,提供社会经济发展需求的技术技能人力资本结构是职业教育体系的主体功能。

二、职业教育体系具有促进每个个体全面发展的功能

教育的价值不仅表现在促进经济、社会发展方面，而且还表现在促进人的发展方面。以人为本的教育观念是当代的教育理念。教育的功能应是培养而不是淘汰。正如雅斯贝尔斯所认为，教育活动关注的是如何将人的潜力最大限度地调动起来并加以实现以及如何充分生成人的内部灵性与可能性。然而，人是具有多样性的，不同个体存在差异性，不同的人有着不同的兴趣、特点、潜力。因此，必须构建多样化的教育体系，满足不同个体的多样性发展。作为教育体系的一部分，面向大多数人群，培养各层各类技术技能人才的职业教育体系的存在便为广大的劳动者提供了受教育和发展的机会和可能。一方面，内部纵向分层，层次衔接并不断延伸，外部与普通教育横向沟通、融合的职业教育体系不仅使技术技能人才具有向上发展的通道，而且还为他们提供了多样化的选择、多路径发展的途径，从而促进人数最多的学习者群体中每个个体能够实现个体价值；另一方面，服务劳动者成长，伴随劳动者终身的职业启蒙教育、职业准备教育和职业继续教育三个阶段贯通，以及构架了开放广阔、自主选择、多次选择的成长立交桥的职业教育体系，不仅可以充分开发技术技能人才的职业发展潜力，而且还为劳动者终身学习、实现个体的全面发展提供了重要保障。因此，促进每个个体全面发展是职业教育体系的本质功能。

三、职业教育体系具有促进职业教育自身发展的功能

总体功能大于各部分功能之和，这是作为系统基本，特性之一的整体性原理。职业教育体系作为一个系统，必然也遵循这一原理。职业教育体系中的各元素。如各级各类职业学校、各种形式的职业培训，都具有一定的功能。当这些要素以合理的结构形成职业教育体系后，产生的整体功能不仅能够促进职业教育各要素功能的发挥，而且还能焕发出全新的功能。环境适应性也是系统的特性之一。相对于单个的元素而言，各元素相互联结，形成一定结构的系统，与周围环境有着更多的物质、信息、能量的交流，具有一定的环境适应性。随着时代的演进，社会结构、产业结构、人才需求结构以及职业结构等外部环境都在不断变化，职业教育体系则不仅可通过优化和重组内部各要素，提高职业教育的内部效率，而且还可通过与其他教育体系的衔接和沟通，提高职业教育的外部效率，从而应对外部环境的变化。因此，职业教育体系具有促进职业教育进一步发展，促进职业教育朝着健康、合理、科学的方向发展的功能。

四、职业教育体系具有完善国民教育体系和终身教育体系的功能

职业教育体系既是国民教育体系的重要组成部分和支撑，又是终身教育体

系的基本内容和支点。一方面，只有各类体系相互依存、相互制约，是有不同的性质，分别承担不同的功能，才能形成结构合理、类型多样、相互贯通、功能完善的国民教育培养格局。职业教育体系的存在使国民教育体系能够真正承担起为经济社会发展培养大量不同层次和类型的技术技能人才，实现教育体系的社会功能；职业教育体系的存在有利于教育的合理分流，有利于各类受教育者成长和发展，实现教育体系的个体功能。另一方面，完善的职业教育体系是贯通职前、职后的，因而职业社会的劳动者群体在一生的职业生涯中，将在职业教育体系这个有机的大系统中不断提升自我的职业修养和职业技能水平，并终身享有接受职业教育的权力。职业教育体系多种的教育形式、办学形式可以做到使任何人随时随地都可以通过不同方式学习，从而实现了在终身教育体系中终身学习的功能。因此可以说，没有健全的职业教育体系作支撑，无论是“现代国民教育体系”，还是“终身教育体系”，都将“不成体系”。

第二章 西方职业教育发展综述及基本趋势

随着经济发展水平的不断提高，社会对职业教育的要求也越来越高。与此同时，职业教育的快速发展也极大地促进了社会经济的发展，二者相互促进，共同发展。从历史的角度看，职业教育经历了从低级阶段向高级阶段不断发展的过程。研究西方职业教育的发展及趋势，借鉴国外职业教育发展的经验，研究职业教育的发展历史，探索职业教育的发展规律，深化对现代职业教育体系内涵与特征的认识，对于建立和完善符合中国国情的、具有中国特色的现代职业教育体系具有十分重要的意义。

第一节　西方职业教育发展综述

职业教育是现代教育制度中的一个重要组成部分。职业教育的源头可追溯至人类有史时代之后的家庭手工业生产。中世纪行会制度产生，学徒制度是手工业行会组织的一个重要组成部分。学徒制度是古代技术教育的主要形式。产业革命后，工厂生产代替家庭工业，学徒制走向崩溃，作为教育机构的学校取代了从前的学徒制度。以学校为中心的职业教育到19世纪下半叶才开始走上正轨。进入20世纪初期，各国多以立法的形式使职业教育成为教育制度的一个部分。第二次世界大战后，职业教育进入扩充、加强和改革阶段。

一、前学徒制度阶段

卡尔·布查认为，“在家庭内部劳动这一形式中，工业生产要早于农业生产，制造家用器具和武器的工业，可以说是人类最早的有组织的活动。”[①]人们在进行这些活动的时候，取得了相应的技术。人们通过下意识的模仿，一代一代地把技术传承下来，这就是职业教育最初的简单形式，也可以把它看作是一种学徒制度。学徒制度最初的形态是在父亲把职业传授给儿子的家庭范围内进行的。当职业发展到不仅仅是自己的孩子而且还需要别人给予帮助的时候，便开始吸收别人的孩子到自己家中，并向他们传授技艺。这样，原始的学徒制就逐渐演变成为一般性的制度化了的教育形式。《汉谟拉比法典》中规定：“为使工匠得到发展，并且传授技艺，任何人都不得反对招收养子。如养父不向徒弟传授技艺，养父必须把孩子归还给其亲生父母。”[②]此法典把当时不成文的法规或习惯文字化。从中可以看出，在编成这部法典的当时，少年们在师傅手下以养子的形式存在。在柏拉图的《国家篇》中曾有“他的儿子和他所教导的人们”或“他的儿子和徒弟”这样的表达。[③] 学徒制度也曾存在于罗马时代。劳奇亚诺斯说他为了学习雕刻曾给叔叔当过徒弟，但后来却毁约逃跑。[④]

二、学徒制度盛行阶段

作为一种法定制度的学徒制度的有关记载，在纪元后不久就消失了，直到11世纪末、12世纪初才又重新恢复。11世纪末，学徒制度的恢复同手工业者行会的出现紧密地联系在一起。由于城市的手工业日益发展，手工业者的处境大大改善。他们手中积累了资金，生活开始富裕起来，手工业者建立起了自己的行会组织，用以加强团结、扩充实力和提高地位。学徒制度是中世纪手工业行会的显著特点之一，同行会的建立一样很早就已经存在。在行会成立之前，它只是作为一种私人的习惯而存在。随着行会的成立，学徒制度才逐渐具有社会性质，最后完全置于行会的控制之下。概括说来，从13世纪中期到15世纪中期，学徒制度逐渐从私人性质的制度过渡为公共性质的制度。行会中的劳动组织是按照身份不同由徒弟（apprentice）、工匠（journeyman）、师傅（master）三者组成。三者之间有一定的顺序，分别经过一定的学习，由徒弟晋升为工匠，再由工匠晋升为师傅。徒弟是立志作为一个手工业者，在固定师傅的指导下，经过一定期间的见习性学习的少年。徒弟支付学费，住在师傅家里，除衣食费用外，还拿一定数量的工资。师傅负责向徒弟传授技艺。一般地说，徒弟在学徒期满

---

① 彭厚英：《西方职业教育制度发展阶段综述》，《教育史研究》创刊二十周年暨中国教育史研究六十年学术研讨会会议论文，2009年9月。

② 曹晔：《职业教育课程演变：一种来自管理学的诠释》，载《职业技术教育》2009年第1期。

③ 参见徐立稳：《西欧学徒制度的产生与兴衰》，河北大学2007年硕士学位论文。

④ 参见[日]细谷俊夫编著：《技术教育概论》，肇永和、王立精译，清华大学出版社1984年版，第11页。

的同时就转为工匠，并仍住在师傅家里，从事手工业劳动。师傅对工匠仍负有教育的责任。在多数情况下，师傅采用让工匠用几年时间到各地游历的做法，使其增加知识，丰富经验，提高技术。游历结束后，工匠要制作自己最得意的作品，即所谓杰作(masterpiece)，得到师傅承认后，即可晋升为师傅。师傅是独立的手工业者和行会的成员，具有公民权，但多数是单独从事劳动。行会制定了雇用徒弟的详细规则，明确规定一个师傅可以招收徒弟的人数，一般一个师傅只能招收2～4名。行会对学徒期限也作了规定。英国通常定为7年，欧洲大陆各国一般多为3～4年。学徒期限还因职业不同而有长有短。学徒期满时，也和学徒开始时一样，按照惯例举行仪式。

学徒制度是在政治组织力量微弱，社会秩序不稳，并且没有牢固组织的时代繁荣兴盛起来的。随着贸易的发展和财富的集聚，一些拥有资本的人逐渐掌握权力，以致学徒制度逐渐演变成一种不适当的制度。当行会成员中出现了富有者，他们就开始握有行会的统治权，并且以此压迫贫穷者。这样就引起行会成员之间的竞争，于是人们不再努力生产优质产品，而是热衷于廉价产品的生产，以致行会终于成为产业组织的障碍。在它衰落的同时，具有悠久传统的学徒制度也开始出现衰退的倾向。[①]

三、学徒制度崩溃，以学校为中心的技术教育建立、发展阶段

(一)以学校为中心的职业教育初创期

以学校教育为中心的技术教育的理论和实践早在古希腊和古罗马时代就已经出现。但是，开始把技术教育的理论和实践形成一种不间断的时代潮流，则是文艺复兴时期以后的事情。17世纪，许多改革论学者(如英国的培根、巴昆等)提出了技术教育改革的建议，虽然在当时均未能付诸实施，但在17世纪结束的时候，这些方案的实施逐渐趋于具体化。

首先实现这些建议的是由德国的弗朗凯创建的实科学校。弗朗凯企图把技术性作业引进学校教育的尝试，最初是在弗朗凯学院用来教育贵族子弟的高等预备学校中实现的。该校开设了车削加工、玻璃研磨、铜板雕刻等手工作业课，还组织学生到车间或工场参观。但是因为这些作业课是同正规课程区别对待的，所以它们在学校教育中只是处于附属性的地位。然而，于1696年创办的“孤儿院”突破了一般学校的形态，聘请专业师傅讲授裁缝、刺绣、制图、研磨、纺织等课程。此外，学校还设立有简易工场，让学生从事出版、印刷以及制药的作业。

---

① 参见[日]细谷俊夫编著:《技术教育概论》，第96页。

1708年,泽姆拉开办了数学、机械实科学校,是真正为对市民阶级进行职业教育而开设的学校。这种实科学校是由泽姆拉首创的。1747年,海卡在柏林设立了经济、数学实科学校。该校同泽姆拉试办的学校相比,除在其内部设语言班、读书班、机械班、几何班、建筑班、地理班、手工业商业班、特别班(其中机械班占主要地位,聘请手工业者充任教师,通过实习学习各种机械的有关知识)等8个班级外,其他各方面没有太大的差别。但海卡的学校建立之后就吸引了许多学生,并且各地依照同样的模式建立起了这种学校。最后,这种学校被弗利奇二世列为王室的教育设施。海卡创办的实科学校之所以在社会上引起巨大的反响,是因为到18世纪中期,人们普遍认识到为了国家统一,实科学校教育乃是谋求经济繁荣、政治进步和提高国力的基础。

(二)以学校为中心的职业技术教育建立、发展时期

18世纪后半期,以英国各种机械的发明为开端的产业革命给各国的经济和社会产生了深刻影响。机械的使用使生产成本不断下降。因此,原来的手工业者已经不能适应新形势发展的需要。到处都在建立工厂,企业主可以任意决定劳动工资和劳动条件,妇女和儿童取代成年男子进出于各种产业部门,工资日趋下降,劳动时间不断延长,车间卫生状况日益恶化。具有如此巨大影响力的产业变革在技术教育上没有任何反响是不可能的。16～17世纪以来日趋衰退的学徒制度,又因产业革命而遭到决定性的打击。以此为转机,近代技术教育机关及其体制进入了整顿阶段。

1.英国

英国在此阶段出现了两类职业技术学校:一种是以培养与训练雇用劳动力为目的的作业学校、星期日学校、贫民学校。在英国,“圈地运动”和“动力革命”致使大批贫苦农民及其子女涌进城市,工人也受到失业、贫困的折磨。因此,贫苦儿童的教育被作为济贫手段而加以实施。作业学校等就是为贫苦儿童创办的。伦敦的工艺学校是在贫民学校的基础上发展起来的。19世纪初,这种学校在英国各地有很大的发展,如1821年伦纳德、霍纳创办的爱丁堡工艺学校。该校的任务在于对机械工人、手表制造工人进行技术教育。教学内容以机械工艺学、数学、化学为主,并且特别注重算术、几何等基础知识的教学。第二种学校是以培养技工和专业人才为目标的矿山、铁路、航海学校等。由于在纺织、采矿、冶金等行业使用蒸汽机,英国从木材时代进入了煤铁时代。1700年,英国年产煤只有260万吨;而使用了蒸汽机后,1835年年产煤达到了3000万吨。1850年,英国已铺设铁路6621英里。显然,英国煤、铁的生产和铁路交通线的建设,要求培养采矿与交通方面的技工与专业人才,于是英国政府于1850年创办了矿山学校等。英国的产业革命与职业技术教育发展极大地提高了劳动生产率。

据统计,1770～1840 年,英国工人的劳动生产率提高了近 20 倍。

2.法国

法国也同其他许多国家一样,几个世纪以来手工业都是由行会所控制。然而从 18 世纪起,行会逐步演变成为职业上的贵族阶级,由少数的师傅独霸职业特权。在路易十六世统治时期,曾试图对行会的这种不良风气进行改革。随着法兰西革命的爆发,反对行会制度的声势逐渐高涨。1791 年,国民会议废除了行会制度,学徒制度改为国家管理。在这种形势下,当时法国的当政者决定通过学校进行技术教育以代替学徒制度。由私人或自治团体开设的同类学校建立了实习场地,并试图把普通教育和职业教育结合起来。然而,其中的技术教育同从前的学徒制度不同,作了许多改进。法国较早地建立了工业学校,取代了学徒制度。例如,在 1852 年,东部铁道公司就已经设立了徒弟学校;在 1864 年,还专为女生创办了工业学校。

3.德国

德国是欧洲的后进国,但很早就开始进行职业教育。1817 年,博依特就工业人才培养问题向枢密顾问官提出六项建议。其中最值得注意的是,建议在普鲁士的 25 个行政区内各设一所地方工业学校,并在这类学校之上设立中央工业学校,以形成工业学校网。在博依特的领导下,1817 年首先在各地区的城市里设立了二年制的手工业者学校,并在 1821 年以这类学校为基础形成地方工业学校网。各地学校大体上开设了下列课程:用具画、自由画、模型制作、纯粹数学、应用数学、物理、化学、德语。校用土地和设施由所在城市提供,其他概由国家负担。到 1838 年,博依特已在普鲁士的 25 个行政区内设立了 20 所地方工业学校。

普鲁士最早的机械专门学校是于 1817 年创办的艾伦堡学校。1879 年,科隆工业学校设立了机械技术特别部——机械制造学校。1891 年,普鲁士最早的公长学校设在杜伊斯堡。1870～1880 年是普鲁士机械专门学校建立和发展的时期。这些学校起初为市立,而后转为公立,分为高级和普通两类:高级的培育机械制造的设计者、企业里的技术员、未来的企业经营管理者和领导人;普通的是培育中下级技术员、公长、小工厂的经营管理人员。教学内容也不一样,高级的多开设一些技术基础课,如数学和自然科学。

此外,在符腾堡,早在 1818 年王立学事委员会就建议辖区内所有城市设立星期日工业学校。到 1828 年,政府已经办起 27 所学校。1848 年,决定由国库对星期日工业补习学校一年补助 5000 法郎。此时,这类学校的发展是缓慢的。主要原因是教师不足,教材不齐,教育目标也没有比民众学校高多少。于是,王立学事委员会在 1827 年分别给规模小和规模大的学校制订出教学计划。1845

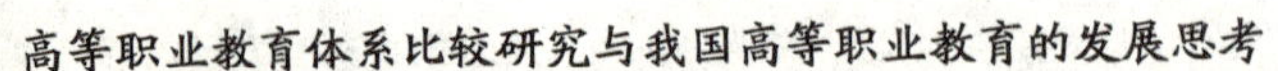

年，有69个市、镇、村设立了星期日工业补习学校。

德国的工科大学是在19世纪建立与发展起来的，是和德国工业化的进程、产业革命的发展相适应的。德国的工科大学的前身学校大多是在1820～1830年建立的。在这以前，也有比较高级的技术教育机构，如1699年创办的柏林技艺学院，主要是建筑方面的高级技术教育机构。此外，有名的学校还有萨克森弗赖堡(1766年)、哈尔兹的克拉乌斯德矿山学校(1775年)等。当然，这些学校是适应18世纪邻邦专制主义国家的重商主义政策和国家企业的需要，是培养技术官员的场所。因此，1820～1830年建立的这些工科大学的前身学校，同样是由国家及其政策主导。把各种不同类型的技术学校办成为同一水平的工科大学，是1860年以后的课题。其中柏林工业大学和汉诺威工业大学最为典型。柏林工业大学的前身是博依特在1821年创办的柏林中央工业学校，它在1827年改称“工业专门学校”，1866年改称“工业学院”，1879年和柏林建筑学院合并，升格为柏林工业大学；该校下设机械、冶金、化学和造船四个系，后发展成为驰名世界的工科大学。汉诺威工业大学的前身是卡玛士在1831年设立的高等工业学校，1847年改称“综合技术学校”，1880年升格为工业大学；该校不采用学科制，而是根据学生选修的课程决定专业领域；该校只规定一个标准的修业年限，包括1年的预备课程在内，化学工程学科为3年，机械工程学科4年，建筑工程学科为5年，技师学科为6年。

4.美国

美国殖民时期乃至整个18世纪，学徒制的艺徒训练一直是美国初级职业技术教育的重要方式。19世纪20年代以后，美国开始了独立自主的经济发展。原有的学徒制度这时已不能迅速提供工业革命和商业流通所需要的大量劳动力。同时，机器生产也不需要那种具有熟练手工技艺的工人，工厂主只需以极低的报酬便可获得大量的廉价劳动力。这就要求他们具备学徒制工人所没有的自然科学基础知识和专门技能，从而导致了职业技术学校的出现。最早于18世纪后期出现的私立的专门学校，仍旧以重视读、写、算及手工劳作为主，附带有农牧业方面的教育，学校数量也少，进入19世纪以后才开始了真正专门培训技工的历史。1814年，波士顿设置了农工学校，对贫穷儿童授之以职业技能；1820年，纽约也出现了技工学校；1821年，缅因州则有了农业学校。19世纪30年代经济中心由乡村转到城市之后，职业技术学校在城市中更为发展起来。1851年，费城有了专门讲授工业制图、制造工艺的学校；纽约还于1859年出现了职业夜校。这些学校或由私人创办，或由工人协会主持。同一时期的文实中学或公立中学内也都开设有面向实际的职业课程。职业教育的出现，推动了美国经济的发展。

1862 年，美国颁布了《莫雷尔法案》，开始了联邦政府以资助的方式指导和控制职业技术教育的历史，这对于高等职业技术教育尤其是农业技术教育的发展具有很大的促进作用。该法案规定，按各州在国会中的参议员和众议员人数多少配给各州以国有土地；各州应当利用这类土地的出售或投资所得收入在 5 年内至少建立一所讲授农业和机械工业有关知识的学院，并且每年必须向内政部长及其他同类学院书面报告发展成果及经费使用情况。[①] 后来这类学院又被称为“农工学院”或“赠地学院”。1862 年《莫雷尔法案》生效后，农业和技术大学有了财政上的保证。但是，许多州在大约 10 年期间，并没有增设这类学校的动向。因为以老牌的州立大学和私立大学为核心的这类教育机构的发展迟缓，按阶段组建机械学、产业训练、机械工程学的教学计划也很困难。然而，在《莫雷尔法案》的土地附加基金的刺激下，威斯康星大学于 1870 年第一个设立了工学院，下设土木、机械、矿山采矿、金属等学科。该校任命民科德穆思为军事科学、土木工程学、机械工程学教授。此后，虽然各学科都在努力争取，但得不到大学当局的实际的支持，未能得到进一步的充实，甚至机械工程学科连实习工场都没有。被称为“第二次《莫雷尔法案》”的《哈奇法案》，也是从大学卖掉国有土地获得补助费的角度设想的。但是，不久由于国有土地的减少，根据法律获得的补助费不能维持多久。于是，政府决定对其不足部分由国库基金支付。这是《哈奇法案》的主要内容。

5. 日本

日本在 1871 年，开始推行殖产兴业政策。在此政策推动下，日本职业技术教育开始萌芽。日本职业教育是从造船业开始的。1871 年，在东京首设工学寮，建立了一所工业学校；1872 年，在北海道设立了札幌农业学校，实施职业技术教育。同时，各地方设立了一些农业学校。但总的说来，日本职业技术教育发展比较迟缓。这是因为政府推行殖产兴业、富国强兵，着力于发展高等教育和普及初等教育。1893～1894 年，日本政府先后颁布了《实业补习学校规程》和《实业国库补助法》，推动了日本实业教育的发展，到 20 世纪初，职业学校网逐步形成，职业教育日益体系化。1900 年 2 月 4 日，明治政府颁布了《实业学校令》和有关的专门教育规程。日本职业教育制度正式确立。

四、职业教育制度化阶段

在 19 世纪末期以后，随着生产技术与相应的职业的发展，受专门技术教育人才的培训工作必须由职业学校来完成，中等学校的性质逐渐开始变化。这种

① 参见日本世界教育史研究会编：《六国技术教育史》，李永连、赵秀琴、李秀英译，教育科学出版社 1984 年版，第 532 页。

趋势，特别是在第一次和第二次世界大战期间表现得非常明显。作为这种趋势的反映，各国都在法律上采取了振兴中等教育阶段职业教育的措施。其中具有代表性的，有美国的《史密斯－休斯法案》以及法国的《阿斯蒂埃法案》等。

关于中等教育阶段的职业教育，有一个不容忽视的问题，就是中等学校教育义务制的问题。进入本世纪以来，中等教育阶段出现了划分为前期和后期两个阶段的倾向。中等教育的一般性基础教育可以得到保证，进而提高了职业教育的水平，也使学习年限或教学计划发生变化。在已经具有开放性格的美国或苏联，中等学校已失去了大学预备校的性质，使其毕业生进入职业教育机关的趋势日益增强。

1.美国

美国政府于 1917 年制定了《史密斯－休斯法案》，其目的在于振兴中等程度的职业教育。该项法案的主要内容有下列四点：(1)联邦政府向全国各州每年支出 50 万～300 万美元作为从事工业教育学校的校长、教导主任和教师的工资补助金。(2)在四年期间，每年支出 50 万～100 万美元用来作为培训工业和农业师资的经费。(3)可以享受补助金的州只限于能使补助金增加 1 倍的州。(4)以不超过振兴工业教育补助金的 20％和 30％分别用于家政科教师的工资和为教育 14 岁以上的劳动青少年而办的定时制学校。该项法律制定后，所有的州都根据该项法律的规定，分别设立了州职业教育审议会、职业教育的教导主任、职业课教师培训机构和州支付的教师工资基金，还制订了必须向联邦职业教育审议会提出并由其批准的事业计划。这一法律的制定给职业教育带来的振兴情况，可以从教师和学生数量的急剧增加等事实得到证明。美国工业学校教师人数在该法实施的第一年(1918 年)为 3276 人，而到了 1925 年就增加到 9307 人；相应地，学生人数由 1918 年的 117934 人增加到 1925 年的 382275 人。此外，工业师资培训机构由 1918 年的 45 所增加到 1925 年的 85 所；各州为工业教育支付的经费由 1918 年的 12229064 美元增加到 1925 年的75982124美元，大约增加了 5 倍。这样一来，美国的中等程度职业教育体制就奠定了牢固的基础。

在美国，承担技术教育任务的学校，除普通中学毕业后的专业课程、职业中学、工业中学之外，还有属于中学毕业后教育的地区专科学校和短期大学等。这些学校的在校生人数由 1918 年的 16800 人增加到 1945 年的 13290000 人。由此可以看出，这些学校都是在两次世界大战之间取得了明显的发展。

2.法国

法国历史上很早就出现了专业技术学校。大革命时期建立起来的巴黎理工学校等更使法国的高等技术教育在 19 世纪前半期居于世界领先地位。然而，到 19 世纪后半期，法国的文化传统，特别是社会上长期存在的重文轻理、重古典轻实用学科的观念和思想，导致法国的职业技术教育发展比较缓慢。1905 年，由高等技术教育评议会提出了一个关于职业教育的法案，但由于各种各样的原因，这一法案虽屡经讨论，却一直未能被正式通过。第一次世界大战使法国经济蒙受了巨大的损失。战后恢复和发展经济的需要以及社会各界要求改革传统教育的呼声，使职业技术教育再一次成为重点。1919 年，由阿登省议员阿斯蒂埃提出的职业技术教育法案被议院正式通过，通称《阿斯蒂埃法案》——它成为法国历史上“技术教育的宪章”，以此构建起法国职业技术教育的基本框架。该法案提出：由国家来代替个人承担职业教育的任务；技术教育机构设置可以有公立、私立之分；职业技术教育目的是为了工业和商业的发展，从理论上和实践上学习各门科学知识和各种工艺知识；18 岁以下的青年男女有接受免费职业技术教育的义务，而雇用他们的工厂主、商人等必须保证他们每周抽 4 小时的工作时间接受职业技术教育，年学时累计不少于 100 小时；学习内容有三方面课程，即补充初等教育的普通教育、作为职业基础的各门学科和获得实际技能的劳动实习。为了实施这项法律，需要扩充技术教育机关。因此，在 1925 年制定的法律中，为了筹措经费，规定向雇主征收“徒弟税”。根据这项法律的规定，每年支付 10000 法郎以上工资的雇主，1934 年的税率为工资总额的 2%。利用徒弟税，开办了许多全日制的实务学校、职业学校、定时制职业学校等各类学校。《阿斯蒂埃法案》唤起了产业界对技术教育的关心，促进了技术教育学校的飞速发展。1937 年制定的《德布利法》继承了《阿斯蒂埃法案》的宗旨，强化了国家对技术教育采取的财政措施。在这一时期内，承担技术教育任务的、具有代表性的学校可分为实务学校和职业学校两类。入学条件均为年满 12 岁，修业年限为 3 年。实务学校对青少年施以广泛的职业教育。与之相反，职业学校则是按照不同的职业类别进行分工。

3. 德国

德国具有代表性的进行技术教育的学校是职业学校和实业学校。职业学校是在过去补习学校的基础上发展起来的。进入 20 世纪之后，这种职业学校形式已趋完善。《魏玛宪法》第 145 条在原则上规定了实施职业学校就学义务制。但由于财政上的困难，未能在全国范围内展开，只是由各邦根据法律规定个别实行。后来，根据 1938 年制定的《德国就学义务法》，才于 1939 年在全国范围内统一实施。职业学校的修业年限一般是 3 年，按照不同的职业详细分工。其第一目的是提高学生从事职业的能力，因而把属于同一职业或相近职业的学生编入同一班级，以使教师可以专心致力于特定职业的教学。职业学校是对普通群众进行教育的职业教育机关。与之相反，实业学校则是对在各种产业部门中居于临时岗位的人进行专门技术教育的学校，其修业年限为3年或4年。德国的实业学校种类、培养目标、修业年限以及教育设施等方面不尽相同，其原因在于要使实业学校能够适应各式各样的经济和技术的需要。

4.英国

20世纪以来，英国进行技术教育的学校分为初级工业学校和职业学校两种，都以12～13岁的青少年为招生对象，修业年限为2年或3年。这些学校多数是于1910年创建的。初级工业学校的学科范围很广，包括从机械、建筑乃至整个工业领域。这种学校曾在英国的技术教育中起到了很大的作用。1935年，当时初级工业学校的总数在英国已有134所，在校人数达17000人。职业学校多数是设在伦敦市内及其周围，有半数的课时是职业实习时间。①

五、职业教育的扩充、加强、改革阶段

第二次世界大战以后，各国都继续扩大职业技术教育的规模，增加在校生人数，调整学科结构以适应产业结构变化。普通教育职业化，职业教育普通化，办学形式日趋多样。

当日本在第二次世界大战后经济得到恢复时，产业界强烈要求培养各级各类职业技术人才。1951年6月，日本文部省开始采取了一系列措施：(1)加强职业教育立法(如文部省公布了《产业教育振兴法》)；(2)调整学科结构，增加工业高中学生；(3)在普通高中开设职业课程，供学生选修，使不能升学的普通高中毕业生对就业有所准备；(4)适应产业结构变化，调整职业高中内部结构，增设职业高中课程。日本文部省又于1968年提出了“高中职业教育多样化”方针，着重对职业教育课程进行调整。一方面，逐渐降低农业科学生人数比例，提高工业科、商业科人数比例；另一方面，砍掉已经过时的旧学科，大量增设适应产业结构变化所需的新学科，如电子、化工、工业管理、商业贸易、信息处理等。②

1944年，英国颁布了《巴特勒法案》，其中关于中等教育有如下内容：建立注重工商技术训练的技术中学(面向11～16岁或18岁的学生)。此法案推动了第二次世界大战后英国教育的发展，同样也推动了技术教育的发展，到1947年技术中学达到317所。英国的技术教育在1947年以后是在以技术专科学校为中心的后继教育机关中进行的。1956年，英国政府发表了有关“技术教育”的白皮书，制订了在1956～1961年把在技术专科学校的定时制学生从原来的355000人增加到700000人等系列内容的技术教育扩充计划。到1968年时，英

① 参见日本世界教育史研究会编：《六国技术教育史》，第178页。

② 参见[日]宫地诚哉、仓内史郎编：《职业教育》，河北大学日本研究所教育研究室译，天津人民出版社1981年版，第285页。

国国立专科学校已有512所。这些专科学校或学院分别设有适应熟练工、工长、助理技术员、技术员和工程师等各类人员需要的课程。

第二次世界大战后，法国筹划制定了兰哥滨一瓦隆教育改革方案。根据这个方案，于1959年延长了义务教育的年限，小学(5年)和各种五年制中学的前期中等教育义务化。相当于前期教育的中等学校有中等教育专科学校(4年)、普通教育专科学校(4年)、公立中学(与后期加起来，共7年)三种学校。后期中等教育分为公立中学和技术教育教育专科学校两种，只进行技术教育的公立中学称为公立技术中学。

第二次世界大战之后，美国分别于1958年制定了《国防教育法》，1962年制定了《人力开发法》，1963年制定了《职业教育法》。这些都使联邦政府支给予职业教育有关的学校的补助金有所增加。这一系列的法律为包括特别贫困家庭的子女在内的全部青少年提供了接受职业教育的机会。①

大力发展职业教育，建设现代职业教育体系，是当前我国教育改革与发展战略的重要组成部分。在探索现代职业教育科学发展路径的进程中，我们既要坚持立足于我国职业教育的现实基础，同时也要积极吸收、借鉴外国职业教育发展的历史经验。

第二节　西方职业教育发展的基本趋势

回顾历史，是为了关照未来。通过对外国职业教育从无到有、由弱至强的发展历程的梳理，可以明显感觉到职业教育在推动经济社会发展方面所具有的独特作用。伴随着职业教育地位的不断提升，大力支持职业教育业已成为世界各国的共同选择。那么，未来的职业教育将会走向何方？

在对历史的梳理中，结合现当代各国职业教育的发展轨迹，我们可大致看出职业教育发展的基本趋势与未来走向。

一、职业教育高等化趋势的加强

随着知识经济时代的到来，人们的教育需求呈现出明显的“上移”倾向。受此影响，作为教育中与社会生产生活实践结合最为紧密的领域，职业教育发展的高等化走向不断加强。在第二次世界大战以来主要发达国家的职业教育发展过程中，职业教育的高等化趋势日益明显。随着高新技术在社会各行业领域的普遍

---

① 参见彭厚英：《西方职业教育制度发展阶段综述》，《教育史研究》创刊二十周年暨中国教育史研究六十年学术研讨会会议论文，2009年9月。

应用,社会对职业人才的知识技能与综合素质的要求不断提高,原有的初等甚至中等水平的职业教育已无法充分满足这种人才需求。在这种情况下,职业教育开始向高等教育层次移动,各发达国家的高等职业教育进入到高速发展时期。

在美国,以高等职业教育为主要职能的社区学院和其他短期中等后职业教育机构自第二次世界大战后得到迅猛发展,接受高等职业教育的学生数量不断增长。特别是20世纪60年代以来的一系列职业教育法案颁布后,在政府的政策鼓励和经费支持下,社区学院和其他中等后职业教育机构的学生数量从1960年的45万人增至1995年的623万人,增长了12.8倍;而同一时期美国四年制院校的学生数量仅增长了3.2倍。由此可以明显看出高等职业教育强劲的发展势头。①

与美国类似,第二次世界大战以来英国的职业教育也出现了向高等化发展的趋势。受《珀西报告》《技术教育白皮书》《罗宾斯报告》等一系列报告的影响,20世纪五六十年代英国职业教育的高等化趋势明显加快。1956年,伯明翰技术学院等10所技术学校升格为高等技术学院。1965年前后,多数高等技术学院获得大学特许状,并开始向技术大学过渡。到1972年,英国共有30所多科技术学院诞生。在《1988年教育改革法》中,多科技术学院获得了与大学同等的独立法人地位。同时,"多科技术学院和学院基金委员会"的组建也体现了政府对高等职业教育机构的管理强化和经费支持,高等职业教育在英国职业教育体系中的地位得到了进一步提升。

此外,德国的高等专科学校,法国的短期技术学院、大学职业学院,日本的短期大学、专修学校、技术科学大学等典型的高等职业教育机构在战后的繁荣,也充分反映出职业教育的高等化趋势。另外值得注意的是,职业教育的高等化趋势还体现在学历层次的提升上,除最初的专科层次外,大部分国家已经普遍推行本科和硕士研究生阶段的职业教育,部分国家甚至出现了博士研究生层次的职业教育。我们应该认识到,战后发达国家职业教育发展普遍出现的高等化趋势有其历史必然性,职业教育在高等教育大众化进程中的作用也将进一步加强。

高等教育大众化有两个基本特征:其一是规模化,其二是多样化。规模化意味着更多的人将获得接受高等教育的机会,多样化意味着社会对高等教育的人才需求不再是精英时代的单一层次和单一规格。从这个角度来看,仅靠作为精英时代产物的传统大学已无法满足大众化背景下的社会需求。而高等职业教育的出现和蓬勃发展,在确保传统大学的职能与使命免受大众化冲击的同

---

① 参见:Arther M. Cohen. *The American Community College*. San Francisco: Josssy-Bass Publishers, 1996, p. 36.

时，借助自身较为宽松的入学标准、灵活的办学模式、面向实践的人才培养机制等方面的优势，极大地满足了社会的入学需求，迅速扩大了高等教育规模，为社会输送了大量不同规格、不同层次的技术性人才。作为大众化实现主体的高等职业教育机构与传统大学一同构建起满足大众化需求的高等教育多元发展格局。战后主要发达国家的高等教育大众化进程充分体现出高等职业教育的重要作用及价值。由此我们也可以预期，在高等教育大众化走向深入的过程中，高等职业教育仍将继续扮演至关重要的角色，发挥越来越大的作用，并逐步成为职业教育结构的主体。

二、职业教育与终身教育理念的进一步融合

自20世纪60年代以来，终身教育理念逐渐得到世界各国的广泛认可和普遍接受。终身教育理念的提出和推广，为职业教育提供了更为坚实的理论支撑，而职业教育的发展反过来又成为终身教育理念的重要实践载体。就此而言，与终身教育理念的进一步融合，将成为职业教育未来发展的重要趋势。

从西方国家的经验来看，终身教育理念自出现之后，曾极大地促进了各级职业教育的快速发展。就具体内涵而言，终身教育是一种涵盖人生各个阶段和各个生活领域、包括所有正规与非正规形式教育的综合统一的教育理念，这与职业教育所倡导的面向生活、面向实践的理念有着明显的交叉性和互通性。由此就不难理解终身教育理念对职业教育所起到的促进与推动作用。

20世纪70年代美国兴起的生计教育运动在很大程度上就是一场终身教育与职业教育融合发展的生动实践。生计教育运动的倡导者西德尼·马兰就曾指出："生计教育是所有学生而不是部分学生可以选择的课程的一部分；如果选择生计教育，它将贯穿一个人学校岁月的全部，从最低年级直至高年级乃至其后；生计教育将最大限度地给予毕业生或未毕业即离校的学生维持自己及家庭生计必要的技术。"[①]在实际推广过程中，生计教育的对象既包括在校学生，也包括成人群体特别是失业和未充分就业者。面向所有年龄阶段人的社会生活和职业生涯成为生计教育运动的重要价值取向，这也充分反映出生计教育所体现的终身教育与职业教育相互融合的基本特征。可以说，在终身教育理念的影响下，生计教育以终身职业教育的形式扩展了职业教育的时空概念，使职业教育所追求的促进个人就业需求满足的理念达到了其逻辑发展的一个高峰。

美国的生计教育运动是20世纪后期以来终身教育与职业教育走向融合的一个典型缩影。除美国外，已有越来越多的国家认识到两者之间的密切关系和

① Jack W. Fuller & Terry O. Whealon. *Career Education: A Lifelong Process*. Chicago: Nelson Hall, 1979, p. 48.

互动作用,这成为现代职业教育发展的显著趋势。进入21世纪后,这一趋势不断加强,为职业教育注入终身教育理念已经得到各国政府的普遍认可。英国政府在2003年发布的《促进职业培训白皮书》中就明确要求取消职业教育与培训的年龄限制。2004年,英国教育与技术大臣查尔斯·克拉克宣布英国将实施彻底的现代学徒制,使成人也能得到参加在职培训并获得经费资助的机会。丹麦政府于2006年制定了国家终身教育战略,明确提出构建终身教育体制的目标,并特别强调职业教育在实现终身教育中的重要作用。这些案例都充分表明现代职业教育的发展已经与终身教育理念紧密地融合在了一起。

实际上,随着现代社会职业选择的日益灵活和生活方式的日益多样,走出校门便意味着教育生涯走向终结的观念早已被时代所淘汰,现代教育应该也必须辐射个体的全部职业生涯。对于政府而言,知识经济、可持续发展和普遍存在的就业压力也都促使各国更加注重教育体系的全覆盖,而职业教育显然是达成这一目标的最重要载体。从这个角度来看,终身教育与职业教育的融合,或者说职业教育的终身化,不仅是当前职业教育的现实基本特征,而且还是未来职业教育的必然发展趋势。

三、以能力为本位的人才培养模式

以能力为本位的人才培养目标定位,决定了职业教育的发展必须紧密着眼和追踪产业结构的调整与科学技术的更新以及由此带来的人才需求变化。基于这一特点,职业教育发展必然会继续坚持人才培养模式的不断完善,深入推进包括专业、课程、教学以及教师在内的全方位改革。在历史上,有关人才培养模式及教育教学的改革是职业教育发展的永恒主题。由古至今,职业教育始终都在围绕着“培养什么样的人,如何培养人”这一基本问题进行改革,这也成为职业教育不断发展的核心驱动力。当代乃至未来职业教育的发展同样无法回避这一关键问题。我们应该看到,人才培养并非职业教育单方面或者孤立性的问题,它必须着眼于职业教育所处的时代与外部环境。

在1999年联合国教科文组织召开的第二届国际职业技术教育与培训大会上,有与会者明确指出,职业教育将面临新世纪带来的各种挑战,“新世纪将是知识、信息和通信的时代,全球化、信息与通信技术的革命性发展,已表明需要重新制定以人为中心的发展计划”[①]。因此,职业教育必须围绕新世纪的人才需求,着眼于现代职业人才的能力结构,继续推动人才培养模式改革。大会提出了职业教育改革的基本目标:“灵活性、创新与生产力、传授所需技能、满足不断

---

① UNESCO. Technical and Vocational Education and Training: A Vision for the Twenty-first Century. http://unesdoc.unesco.org/images/0011/001160/116096e.pdf.

变化的劳务市场的需要，对在职人员和失业者的培训和再培训，并使正规与非正规经济界中处于边缘化的群体获得均等机会。"[①]与此相呼应，在 2012 年召开的第三届国际职业技术教育与培训大会上，与会者达成的"上海共识"(Shanghai Consensus)也明确提出："更新和发展相关机制和工具，以明确当前及未来的技能需求，确保职业技术教育与培训项目的适切性(relevance)，以适应快速变化的劳动力市场及经济社会的发展要求。"[②]人才培养模式改革的能力本位取向得到了进一步延续。

以能力为本位的人才培养模式的更新与完善，必然要求职业教育在专业和课程设置、教学、师资等领域进行相应的改革。在现代社会，随着产业结构的调整、科学技术的更新以及国际竞争的日趋激烈，社会各个行业领域都对从业人员的个人素质、职业能力提出了更为严格的准入标准，从而也对职业教育机构的教育教学质量和教师素质提出了更高的要求。职业教育必须积极应对迅速更新的知识技能和不断涌现的新生行业带来的一系列挑战，因此各国的职业教育都有必要"制定旨在改善教学与学习过程的有效政策，并且提高所有层次职业技术教育与培训的教学质量。积极促进通识及跨学科能力的发展，使学习者具有可持续生存和生活的技能"[③]。

同时，还应积极致力于职业教育的师资队伍建设，"在不断提高职业技术教育教师的能力、促进其专业发展的同时，必须寻求新的方法对他们进行基础培训。必须重新考虑 21 世纪职业技术教育教师所需的执教资格，包括在学校培训和工作场所培训之间寻求最佳平衡。在重新考虑教师的执教资格时，必须考虑制定新的和恰当的评估工具、认可指标、衔接机制及颁证标准。"[④]由于人类社会已经进入到有史以来最具变革性和创新性的时代，这使得职业教育发展也面临着前所未有的压力，上述国际社会对职业教育的关切也充分体现出改革在职业教育发展中的重要地位与核心价值。可以说，职业教育的改革主题仍将也必须得到延续。

---

① UNESCO. Technical and Vocational Education and Training: A Vision for the Twenty-first Century. http://unesdoc.unesco.org/images/0011/001160/116096e.pdf.

② UNESCO. Shanghai Consensus: Recommendations of the Third International Congress on Technical and Vocational Education and Training. http://www.unesco.org/new/fileadmin/multimedia/hq/ed/pdf/concensus-en.pdf.

③ UNESCO. Shanghai Consensus: Recommendations of the Third International Congress on Technical and Vocational Education and Training. http://www.unesco.org/new/fileadmin/multimedia/hq/ed/pdf/concensus-en.pdf.

④ UNESCO. Technical and Vocational Education and Training: A Vision for the Twenty-first Century. http://unesdoc.unesco.org/images/0011/001160/116096e.pdf.

四、职业教育国际交流与融合的继续深化

职业教育的国际交流与融合，既是当前日益明显的经济全球化趋势的新要求，也是职业教育领域的一个老话题。实际上，在近代以来西方国家职业教育发展进程中，通过国际交流推动本国职业教育发展的实例屡见不鲜，不过这一时期职业教育的国际交流主要是以一国向别国学习、借鉴的单向形式出现的。以英国为例。近代英国的职业教育曾长期落后于欧陆国家，19 世纪中期几次世博会上英国工业渐趋衰退的局面引发了众多有识之士对职业教育的重视，拉塞尔、普雷法尔、塞缪尔森等人在通过各种途径了解到其他欧洲国家职业教育的发达程度及其对工业经济的重要作用后，纷纷呼吁英国政府效仿德法等国，大力发展学校职业教育。1889 年，英国《技术教育法》的推动者之一塞缪尔森就曾实地考察过德国、法国、比利时等国的职业教育，而此后英国推动职业教育发展的很多举措也确实都深受这些国家的影响。正是在吸收借鉴国外经验的基础上，英国职业教育才逐渐打破了游离于正规学校之外的局面，开始形成具有现代意义的学校职业教育体系。除英国外，近代日本、美国、俄国等国的职业教育也都是在学习他国经验的基础上发展起来的。可以说，国际间的交流、借鉴是推动近代职业教育整体进步的重要因素。

与历史上以单向学习借鉴为主要形式的国际交流相比，当前职业教育领域的国际交流与融合具有了更为丰富的含义。20 世纪后期以来的经济全球化步伐导致行业与劳动力市场的国际分工与合作趋势日益显著，进而对各国职业教育的发展提出了新的要求，即职业教育必须立足本国经济和产业结构在国际经济格局中的定位与走向，积极致力和投身于职业教育国际化网络的构建，通过加强多元双向的国际交流与融合，努力打造具有自身特色和比较优势的职业教育体系。

换句话说，现代职业教育既具有本土性，也带有明显的国际色彩，各国在发展本国职业教育的同时，也有必要将之纳入到职业教育的全球网络内，使之成为其中的有机环节，加快推进本国职业教育与国际职业教育体系的接轨。在推动建立国际化的职业教育合作网络与运行机制方面，一些国际机构如联合国教科文组织、世界银行、世界劳工组织等已经进行了有益的尝试。

早在 1992 年，联合国教科文组织就启动了“国际技术与职业教育项目”(International Project of Technology and Vocational Education)，以用于推动职业教育的国际合作及全球职业教育网络的构建。在 1999 年和 2012 年召开的两届国际职业技术教育与培训大会上，联合国教科文组织也积极呼吁进一步加强职业教育的国际合作，并制定了相应的发展战略。此外，一些区域组织在推动职业教育国际化方面也进行了积极探索，如欧盟地区在 2002 年提出了旨在强

化各国职业教育与培训合作的《哥本哈根宣言》;2004 年公布的《马斯特里赫特公报》进一步明确了具体的实施举措,如质量保证、认定非正规教育的有效性、开展职业指导或咨询、颁发“欧洲护照”(EuroPass,也可称作“欧洲职业技术教育通行证”)等;2006 年发布的《赫尔辛基公报》,又提出了建立欧洲资格框架、职业教育学分转换系统、共同质量保证框架等建议。这些努力极大地推动了欧洲职业教育的一体化进程,对各成员国职业教育水平的提升也起到了重要的推动作用。联合国教科文组织的倡导,欧盟地区推动职业教育国际合作的成效,从不同角度充分印证了职业教育国际交流与融合趋势的现实性和必要性。

伴随着经济社会发展对各行业领域高层次技术人才需求的日益提升,职业教育的地位与作用将得到进一步增强,加快发展职业教育亦已成为各国的共同选择。如前文所述,在构建更为合理的现代职业教育体系领域,欧美等职业教育发达国家已经进行了积极探索,在一定程度上反映出上述职业教育未来发展的主要趋势。这些具有普遍意义的发展趋势,无疑将对包括我国在内的世界各国科学推进职业教育改革具有重要的参考价值。

第三章 德国高等职业教育体系简析

德国经济发达，制造业全球领先。职业教育被德国人比喻成国家“经济发展的柱石”和“经济腾飞的翅膀”，甚至认为是“民族存亡的基础”；世人也公认这是德国经济迅速发展的“秘密武器”。在德国，虽然没有明确的与中文完全相对应的“高等职业教育”一词，但是在公认的职业类学校的范围内，不仅包括职业基础教育类型的学校（比如双元制的职业学校、以学校教学为核心的职业专科学校、职业高中等），而且还包括高等专业学院（Fachhochschule，简写 FH）及职业学院（Berufsakademie，简写 BA）等类型的高等教育机构。所以说，德国高等教育范畴包含了高等职业教育，而且因其体系完整、层次丰富、注重产学结合等优势而在整个国民教育体系中地位突出。德国发展高职的经验值得我们借鉴，用以促进我国高等职业教育事业的发展。

第一节　德国高等职业教育的发展历程

一、德国高等职业教育概况

德国是一个有创意的国度，教育、科学和研究均被赋予重要地位。在一个无国界的欧洲和一个市场全球化的世界里，教育使人们有能力利用由开放的国界和全球知识网络所带来的机遇。

在德国并没有明确提出“高等职业教育”这一概念，联邦政府为了适应社会经济的发展而将中等、高等职业教育延伸到高等教育体系。高等教育体系包括非学历教育和学历教育两个体系，双元制职业学校的主要形式是3年的实践教育，在高等职业教育体系中属于非学历教育性质。始于20世纪60年代的德国高等职业教育，发展了半个多世纪，其完善的培养机构、灵活的办学风格、高效率的人才培养速度已经为德国的高等职业教育赢得了良好的国际声誉。德国的高等职业教育在其历史发展中发挥了巨大的作用，不仅促进了德国的经济发展，而且还为国家的稳定和社会的繁荣贡献了一份力量。

德国的双元制高等职业教育在国际上别具一格。大概有一半的年轻人在中学毕业之后接受双元制高等职业教育，学习国家认可的350种培训职业中的某一职业。这种进入职业生活的方式有别于许多国家的学校式高等职业教育：每周有3～4天在企业中接受实践教育，1～2天在职业学校进行专业理论学习，培训时间为两年到三年半。同时，企业提供的培训得到了跨企业课程和额外培训内容的支持。培训的费用由向学徒支付报酬的企业以及承担职业学校经费的国家来承担。目前，有大约50万家企业以及公共机关和自由职业者向年轻人提供培训。有80%以上的培训岗位由中小企业提供。据2009年最新统计，参与校企合作的企业和社会机构有ABB、IBM、SAP、西门子、巴斯夫、大众汽车、德累斯顿银行、德意志银行、德国铁路、德国邮政、麦德龙、戴姆勒－克莱斯勒等。在德国，得益于双元制职业培训，无职业或无培训位置的年轻人的比例相对较低，这个比例在15～19岁年龄段的人中仅为4.2%。理论与实践的结合确保了手工业者和专业工人的高技能。此外，职业培训是一条通往职业生涯的途径，可以通过它继续教育获取师傅证书。另一条新的培训途径是经过在职的进修能最终获取一所高校的硕士毕业证书。[①]

二、德国高等职业教育发展历程

14～15世纪，德国经济一度处于兴盛时期，当时的纺织、采矿、武器制造、雕刻和印刷等行会手工业曾驰名欧洲，汉萨同盟（Hanse，德文的“会所、会馆”之意，汉萨同盟即为德意志北部城市之间所形成的商业、政治联盟）更是盛极一时，掌握着北欧贸易的霸权。当时，德国各行各业有技术的师傅都是受人尊重的，甚至许多著名企业的管理者都以曾经做过学徒为荣。

18世纪60年代第一次工业革命开始时，德国工业化发展比较落后。到了19世纪中后期，德意志帝国统一后，其工业得到较快的发展：1847年首条公共电报路线开通，1868年首条陆地电报线成功铺设；特别是19世纪80年代，德国

① 参见李英英：《美国、澳大利亚、德国高等职业教育的启示》，华中农业大学2011年硕士论文。

的钢铁生产超过英国……自此，德国便从落后的农业国发展成为先进的工业国，其职业教育与技术实践联系的更为密切。19世纪末20世纪初，德国联邦政府通过手工业行会立法来促进各类进修学校的发展，为双元制职业教育的发展奠定了基础，而德国职业教育的真正发展却是在20世纪60年代的中期。

（一）高等专科学院的建立（20世纪60年代末～70年代初）

20世纪60年代初，德国处于经济恢复期，但是当时受过高等教育的人数却远少于美国和日本。人们意识到接受高等教育是获取经济收益的重要途径。早在1806年之前，康德曾主张较高级的学院是用来进行职业教育的，即是用来培养牧师、医生和律师的，只有比较低级的哲学院才是进行与任何社会实用目的无关的、自由的科学反思的场所。而在19世纪开端时，大学危机加深，声誉也很差，当时普鲁士负责高等教育的司法部长马索夫主张"作为一种制度的大学应该完全被取消，取代大学的是服务于特别要求的专业学院"[①]。当时德国工业化的迅速发展，社会需要不同类型的人才，为了培养技术型应用人才以弥补传统大学的不足，1968年联邦德国决定建立一种新型的高等教育机构——三年制的高等专科学院。这一决定得到了德国各州的响应，于是原来的德国工程师学校、经济高级专科学校、社会公益事业专科学校、工业设计高级专科学校等均改制为高等专科学院。高等专科学院的建立，培养了大批一线工作的技术人才，满足了社会经济发展对不同技术人才的需求。

（二）双元制职业学院的建立（20世纪70年代末～80年代）

德国的社会经济在这个时期处于稳步发展的势头，当时的高等专科学院一般都建立在大中型城市里，分布不合理。联邦政府于1972年实施了高等教育区域化发展的计划，对一些工程师学校、经济学校、师范学校、工业设计学校进行了改造，进而发展到70多所高级专科学校。但是这样依然不能满足企业所需要的高级管理人才和高级技术人才。当时巴登－符腾堡州经济相对发达，一些知名企业，如罗伯特·博施有限公司、戴米勒－奔驰股份公司以及谢尔公司等对有较强实践能力的高级应用型人才的需求较多，于是该州的三家大型企业：罗伯特·博施无限公司、戴米勒－奔驰股份公司、洛伦茨标准电器设备股份公司和斯图加特行政与经济学院协商并创办了校企合作的职业学院。职业学院的创办有企业参与，使整个教学能够从学校和企业的师资和配备条件中受益，开创了教育机构与企业联合举办高等教育尤其是高等职业教育的一种新途径——双元制。1982年，巴登－符腾堡州议会通过了《职业学院法》，确立了职业学院在德国高等教育体系中的地位。该州职业学院的建立对联邦德国其他

① 匡瑛：《比较高等职业教育：发展与变革》，上海教育出版社2006年版，第55页。

各州的影响十分巨大。此后，其他各州也相继成立了职业学院。

（三）双元制职业学院的发展与改革（20世纪90年代～21世纪初）

1990年10月3日，民主德国正式加入联邦德国，分裂了41年的德国重新得到了统一。统一之后的德国，在政治、经济、文化、教育各方面都得到进一步的发展，并实施了全面的教育改革计划。1989年，巴登－符腾堡州教育部门正式认定职业学院的毕业证书等值于高等专科学院的毕业证书。于是，萨克森州于1991年建立了职业学院，1993年柏林也建立了职业学院，随后其他各州也相继建立了职业学院。据最新统计，目前德国16个州中有11个州建立了60多家类似于职业学院的教育机构。双元制高等职业教育与实际工作和劳动力市场联系紧密，学生可以从职业教育直接过渡到职业生涯，确保了学生毕业后顺利地进入工作岗位，这有益于社会的稳定和经济的发展，因而双元制职业学院得到联邦政府的重视和人们的认同。①

（四）双元制职业学院的国际化（21世纪）

欧洲一体化的进程不断加快，使得德国双元制职业教育更加注重信息化和国际化。由于新技术的发展以及新行业的出现，劳动力市场对职业技能的要求也随之提高。新《联邦高等职业教育法》中制定了国家职业教育与国际职业教育相互衔接的措施，使双元制职业教育逐渐与国际发展接轨。为此，联邦德国对双元制职业教育内容及结构进行了调整，制定了一系列与国际接轨的培训政策；同时，德国参加了欧盟职业资格相互折算的欧洲行动。在欧洲职业资格框架（the European Qualification Framework，EQF）和欧洲职业教育和培训学分制度（the European Credit System in Vocational Education and Training，ECVET）的影响下，德国制定了德国职业资格框架（the German Qualification Framework，DQF），这显示了双元制职业教育的灵活性，提高了培训的效率，有效地利用了教育资源。德国联邦职业教育研究所（BIBB）积极参与欧洲“列奥纳多”（LEONARDO）职业培训计划，为的是不断地使德国双元制职业教育走出欧洲，走向世界。

第二节　德国高等职业教育的主要特点

德国人把教育看作是对下一代的投资、对未来的投资，将教育比喻成“强国的天梯”。德国高等职业教育被称为德国教育的“第二根支柱”。也正是因为德

① 参见殷红：《德国高等职业教育发展研究及对我国高职校企合作的启示》，天津大学2012年硕士学位论文。

国高度重视职业教育和重视对生产一线技术工人的培训，所以被誉为“欧洲的师表”。德国教育水平赢得了世界性的声誉，成为其他国家纷纷仿效的对象。正是凭借双元制职业教育模式，以就业为导向，通过校企合作的形式培养了各类技术应用型人才，才使德国在第二次世界大战之后的经济迅速腾飞。

以双元制职业教育模式为特色的德国高等职业教育有以下四个主要特点。

一、科学的职业教育价值取向和务实的职业教育思想

德国的双元制高等职业教育思想在19世纪之前开始流行，工业化之后成为一种制度，到了20世纪60年代末才作为一种法律制度而存在。对于双元制高等职业教育制度的形成和发展，有专家曾经从德意志民族严谨、忠诚、责任感强与教育的实用化倾向等方面作过论述。的确，务本求实、细致严谨的科学态度，传统的价值取向，独特的思维方式和强烈的社会认同感是双元制职业教育制度长期存在并发展的重要原因。此外，德国早期就有尊师重道的优良传统，公民普遍认为从师学艺是值得骄傲的事情。

1890～1810年，任德国教育部长的洪堡“强调民主精神，重视每个人的各自特性，培养多方面才能，造就优秀人才，振兴民族国家”①。德国“职业学校之父”乔治·凯兴斯泰纳在担任慕尼黑教育局长的25年中(1895～1919年)，在建立职业学校方面进行了大胆的实践探索。斯普朗格受凯兴斯泰纳的影响，提出“最大限度地追求并协调发展自身所具有的各种能力(职业能力)，使之臻于完善”②。

二、健全的法律法规和完善的监督体系

德国经济之所以能够迅速发展，最重要的一个因素就是德国的各行各业都拥有技能娴熟的职工队伍，这样的职工队伍正是得益于德国职业教育实行双元制。而健全的法律法规和完善的监督体系使双元制的确立和发展得到了保障。德国公民普遍认为没有经过职业教育的人是不可以进入工作岗位的。进行职业教育对即将进入工作岗位的年轻人来说，既掌握了胜任经济发展和工作需要的技能，又为自己的职业生涯开辟了一条捷径。

德国从19世纪60年代到20世纪60年代颁布的各项相关法律法规虽没有明确地以职业教育命名，但是都规定在工业、商业、手工业中的伙计、帮工和学徒进入补习学校学习基础和理论性知识，接受职业培训。直到1969年，德国颁布了《职业教育法》，首次在联邦德国制定了统一的职业教育法案，明确了双元

① 温景文:《德国高等职业教育体系的考察与分析》，载《辽宁高职学报》2002年第2期。

② 温景文:《德国高等职业教育体系的考察与分析》，载《辽宁高职学报》2002年第2期。

制职业教育制度，对联邦德国各州的企业职业培训作出统一的规定。在随后颁布的《高等教育职业教育专业培训及考试细则》《职业培训年度报告》《2001年高等职业教育报告》分别从职业学校师资力量的培养方式与任职资格、提供培训场所的区域和部门、德国职业教育发展方向等方面为德国的职业教育提供了法律保障。而《企业基本法》和《联邦职业教育促进法》明确地规定了“企业管理委员会在企业职业教育中应有的权利和义务”“企业在职业教育中的权利和义务”①。这些法律保障了企业行使自己的权利和义务。

在德国的双元制职业教育的发展中，有一个特殊的机构在充当着不可或缺的管理角色，这就是德国的行业协会。行业协会以其自身独特的运作机制，有效地管理着双元制的高等职业教育，可以说行业协会是职业教育的业务主管机构(国家会适当给予经费补偿支持其工作)。德国工业、商业、手工业、农业、林业、旅游业、律师、医生等行业都有自己的协会，各行业协会主要负责监督和审核工作。为了考核一个企业是否具备参与和投资双元制职业教育体系并成为其中的一员，相关行业协会会对企业进行办学资质的审查，经审查合格企业才能成为双元制职业教育体系之一员，即这样的培训企业方有机会投资双元制职业教育并成为办学的主体。对没有设立行业协会的职业领域，则由当地的州政府指定教育主管机构。

三、突出的职业特性和等值于普通教育

双元制职业教育突出的职业性主要表现在企业对学员专业技能的培训上，大型企业多数都拥有自己的培训基地，而且基地配备的指导老师也是水平极高、技术娴熟的师傅。企业培养目标更符合自身的需要，学员在真实的生产环境里接触到先进的设施设备，这样经过培训的学员所熟悉的工艺规范等更符合企业生产的要求。学员为“未来工作而学习”的目的明确，企业为“未来发展储备人力资源”的培训目的也很明确。双元制职业教育的目的是为企业培养合格的员工和发掘具有领导潜力的人员，因此要全面了解企业的产业结构和运行机制、市场发展的需求和方向等诸多因素，站在企业的角度对学员进行教育培训，培训结束后大多数的学员都直接进入培训企业工作。据2006年经济发展与合作组织的统计，在德国有80%的年轻人是通过职业教育走上工作岗位的。

根据《联邦德国高等学校总法》的规定，实施职业教育的高等专科学校合格毕业生授予与普通高等院校毕业文凭和学位同等地位及价值的学位证书，所享有的待遇也基本相同。

---

① 李英英、张俊:《高等职业教育发展史上的一朵奇葩——德国双元制》,第三届全国农林院校教育科学类研究生学术论坛会议论文,2011年5月。

虽然双元制高等职业教育以其突出的职业性为特点，但是它和普通高等学院的地位是一样的，都是组成高等教育体系的重要成分，都为德国经济社会的发展培养了宝贵的人力资源。

四、实用的操作技能和紧密的校企合作

在1991年的国际奥林匹克技能竞赛中，德国队因获得24个工种竞赛第一的好成绩而荣获冠军。德国前总理科尔为此发表了《双元制在统一的德国的力量》的讲话，他明确指出："在我们这样一个原料不足的国家，经济实力是以从业人员的技能为基础的。受过良好职业培训的青年，是我国最大的资本，是我国经济稳定的保障。"①作为一个原料缺乏的工业国家，德国依赖的是受过良好教育的技术力量。而保持和维系这些技术力量的因素正是实用的操作技能和紧密的校企合作。

双元制的实质就是学校和企业、学习和工作相结合的培训方式。目前，德国人认为，"2/3的时间在企业实习，1/3的时间在学校学习的模式仍不够理想，应该将学习和工作更多、更紧密地结合起来，要将学习看成是一个工作过程；或者要把工作变成一个学习过程"②。因此在教学过程中，学校将学生送到企业的操作车间，让学生在实际工作中直接进行操作和接受师傅的指导。双元制职业教育强调了学生要在真实的工作过程中巩固理论知识。如果要求学生具有良好的合作精神和团队意识，学校就直接将学生送到企业的团队中去，让他们感受团队合作的气氛，并形成合作的意向。这样做可以使理论与实践更好地结合，也让企业与学校之间的协调更顺畅和默契。

第三节　德国校企合作案例分析

德国大众汽车公司（Volkswagenwerk，VW）与曼海姆双元制大学（DHBW—Duale Hochschule Baden Wurttemberg Mannheim）合作的案例分析

德国大众汽车公司，总部位于德国的沃尔斯堡。1937年3月28日，费迪南·保时捷在奔驰公司的支持下，创建了大众开发公司；同年9月改为大众汽车股份有限公司。大众汽车公司是德国最大也是最年轻的汽车公司，是一家国际性集团公司。所谓"大众汽车"，顾名思义是为大众生产的汽车，是大众使用的汽车。大众公司分别于1965年和1969年收购了汽车联盟公司和内卡苏尔

① 夏浩、周艳萍、张窝羊：《民办高职机械专业二元制教学探索》，载《山东工业技术》2018年第18期。

② 李英英：《美国、澳大利亚、德国高等职业教育的启示》，华中农业大学2011年硕士论文。

姆车厂，专门生产奥迪汽车。因而，大众和奥迪就是大众公司的两大品牌群。该公司在全球 18 个国家（欧洲的 11 个国家和美洲、亚洲及非洲的 7 个国家）经营着 45 间制造工厂。大众公司除了生产汽车之外，还进行汽车销售、运输、租赁，汽车零部件、发动机、变速器的生产与销售以及汽车信贷银行等业务，其汽车产品以大众型小轿车和轻型货车著称于世。

德国曼海姆双元制大学和斯图加特双元制大学是德国创立最早的两所双元制大学。曼海姆双元制大学自 1974 年创建以来，就一直与众多的企业合作，例如西门子、大众汽车、德意志银行、麦德龙零售业、奔驰等，其中大众和奔驰都是德国著名的汽车企业。

曼海姆双元制大学的学生都是在职学习，在校三年的学习时间内，没有寒暑假，只能和企业的员工一样每年享受法定的休假时间。一年两个学期的学习时间，每学期基本上都是前三个月在校学习理论知识，后三个月在企业进行实践活动。曼海姆双元制大学以培养技术型人才为主，专业设置也是以实用型为主，其中机械制造专业包括车辆结构、保养和维修技术，此专业与大众汽车公司一直保持着良好的合作关系。①

下面以奥迪 A6L2.0TFSI 启动故障测试为例分析。

有客户向大众公司反映其奥迪 A6L2.0TFSI 发动机启动不了，于是公司售后服务中心与曼海姆双元制大学机械制造专业车辆维修技术小组联系，让该小组成员参与到启动故障测试与分析的实践环节中来。在售后维修中心，在公司维修技术人员的指导下，车辆维修技术小组对其进行发动机故障原因进行分析。首先，检查点火装置。此型号为单缸独立点火系统，用大众奥迪专用汽车检测仪 VAS5051 的 DSO 示波器功能检测，结果点火波形正常，使可排除点火系统故障的可能。然后，检查油路。油表显示油箱有 1/3 的燃油，随后拆检油泵，结果发现油箱内已经几乎没有汽油，而油表的显示是因为油位传感器卡滞在 1/3 处。车辆维修技术小组以为故障已经找到，便将测试结果上交给公司维修技术人员。于是公司维修技术人员注入汽油后启动发动机，车却仍然启动不了。经公司维修技术人员检查后，告诉他们 2.0TFSI 发动机是大众公司由 2.0FSI基础上开发出来的带涡轮增压的高性能汽油直喷发动机，与普通的发动机不同之处是在稀混合气模式时氮氧化物含量较高，传统的三元催化净化器无法对氮氧化物进行足够的转换。在驾驶员不知道燃油耗尽的情况下，继续启动发动机，就有可能向燃油管路中泵入了空气，没有了回油管路使空气无法排除，造成气阻。启动发动机时，喷入汽缸的汽油中含有大量的空气，造成混合气过

① 参见李英英：《美国、澳大利亚、德国高等职业教育的启示》，华中农业大学 2011 年硕士论文。

于稀薄而无法点燃。最后公司维修技术人员拆下供油系统的高压油轨，排除空气后，发动机便可正常发动。

大众公司和曼海姆双元制大学对汽车故障进行检制的合作事项经常会有，这样做既给了学生实践的机会，又给企业储备了大量的人力资源，这是互惠互利的举措，值得我们学习和借鉴。

第四节　德国高等职业教育体系对我国的启示

德国双元制高等职业教育培养了大量具有实践操作技能的娴熟劳动力，他们一丝不苟的工作态度和严谨务实的敬业精神，是我们学习的榜样。我们要吸取德国双元制职业教育的先进经验，大胆走出具有中国特色的职教之路。在竞争日趋激烈的国际形势下，德国双元制高等职业教育的成功经验值得我们学习和借鉴。

一、提高高等职业教育的地位

德国双元制高等职业教育不仅仅是一种教育模式，更是一种思想观念。它在德国人民的心中已经根深蒂固。德国有一句谚语："不教给年轻人手艺就等于让他们去偷。"德国学者瓦格那认为，"在德国，上大学并不一定是最好的发展，人们更尊重为社会做出实际贡献的人"[①]。而我国历来有重脑力劳动、轻体力劳动的观念和思想。要中国人改变长期形成的观念还需要一个循序渐进的过程。我国从 20 世纪 80 年代中期开始重视并发展高等职业教育，但其在高等教育体系中的地位始终不高。其实，高等职业教育可以将先进的科学技术转化为直接生产力，从而推动社会经济的快速发展。我国教育主管部门应适应社会经济、科技发展形势，加快构建我国高等职业新体系的步伐，提高高等职业教育在国家教育体系中的地位。

二、完善高等职业教育法制体系

综观德国高等职业教育的发展历程，我们不难发现德国有一系列的高等职业教育法律法规，如《职业教育法》《联邦职业教育促进法》《职业教育改革计划》《联邦职业教育保障法》《职业教育改革法》等。这些法律法规分别从促进、计划、保障以及改革等方面使得德国的职业教育有法可依。因此，联邦德国主要

---

① 贺国庆等：《外国高等教育史》，人民教育出版社 2003 年版，第 55 页。

是以立法的手段调控和促进职业教育的发展。对于我国来说，现有职业教育法律体系并不完善，我国的《职业教育法》已经不能完全适用于21世纪的快速发展。《职业教育法》还有很多方面没有涉及，例如如何使用法律约束力来促进企业参与职业教育、社会力量有权利和义务对职业教育进行经费资助、各级教育部门对职业教育的规划、设立针对职业教育的监督部门、建立职业教育贫困学生资助体系等，这些都需要对《职业教育法》进一步修订和完善才能得以实现。目前，我国的高等职业教育还处于发展阶段，在发展的过程中还将继续面临新局面、新挑战和新问题。如果高等职业教育发展不能够在立法层面上得到保障，将会在很大程度上影响其持续健康发展。因此，我国的高等职业教育法律体系必须随着高等职业教育的发展而不断地完善。

三、加强校企合作

在德国，企业之所以积极参与双元制职业教育，努力培养学员成为企业的专业人员储备力量，有以下几个原因：第一，学员在企业进行培训的同时熟悉了工作环境，培养了操作能力、团队合作精神、人际关系等，为毕业后顺利投入工作打下了基础。第二，学员在企业进行培训的过程也就是企业培养属于自己的新员工的过程，为此企业在赚取学员为其创造的利润时也节省了培养新员工的费用。第三，企业在参与的过程中，不仅为自己赢得了社会声誉，而且还赚取了政府补贴。针对企业提供的每一个培训岗位，政府每年补贴企业3500欧元。参与双元制职业教育培训的企业们因此就有了源源不断的、高质量的后备力量，从而提高了企业的市场竞争力，也增强了企业参与职业教育的信心。

德国双元制高等职业教育的最大特色就是由高职院校和企业共同培养人才，双元制就是校企合作的典范。而我国在学习和借鉴德国双元制之后，并没有落实到高等职业教育的教学和实践之中，而只是停留在就业这一层面上。我国的高等职业教育仍然是以学习理论知识为主体、以实践为辅，从而导致了学生的理论与实践相脱节。校企合作已经成为高等职业院校未来发展的必然趋势。为了实现高职教育“以培养适应生产、建设、管理、服务第一线需要的高等技术应用型人才为根本任务，以适应社会需要为目标，以培养技术应用能力为主线”的培养目标，我国应搭建高等职业院校与企业交流的平台，完善与校企合作有关的各项规章制度，出台相关的法律法规来保障和监督校企合作，借助国家政策来加强校企合作，充分发挥企业在高等职业教育中的主导地位，从而更有效地促进校企合作。

四、加强实践能力，走产学结合之路

德国双元制高等职业教育特别注重对学员实践能力的培养，整个实践时间大致占学习时间的2/3。我国目前虽重视对学生实际操作能力的培养，但整个实践时间却少于学习时间的1/3，大多数是集中安排实习，这样无法使学生将学习的理论知识和生产实践很好地结合。我国高等职业教育的发展过程中，不仅要对受教育者进行专业的职业知识培训，而且还要进行职业技能和职业道德的教育，提高我国劳动者的职业道德水平和科学技能素养。因此，高等职业院校应重视和加强实践能力的培养，积极探索产学合作之路。

目前，我国经济较发达地区的有些高职院校正在试着走产学合作之路，但在具体实施过程中仍存在着诸如产学联系不紧密、学习的理论知识不能灵活应用于实践等问题。为此我国高等职业院校应汲取双元制职业教育的精髓，充分利用社会资源，密切关注社会经济和市场发展的需求，加强和企业的联系，强化理论与实践的双重训练，为我国培养大批高素质的、适应社会需要的应用型技术人才。①

综上所述，德国的双元制高等职业教育的特色及优势是显而易见的。它是高等教育体系的重要组成部分，传授知识，培养技能，为企业培养一线劳动力，为社会输送生产一线的技术型劳动者，既提高了劳动者素质和技能，又为企业节省了培训成本，避免了教育资源的浪费。这些对我国高等职业教育的进一步改革和完善，缓解市场与人才的供需矛盾、保障人才培养质量、促进就业等都极具启迪意义。

---

① 参见孙晓莹：《德国职业教育对我国职业教育发展的启示》，载《教学研究》2006年第5期。

第四章 美国高等职业教育体系简析

美国高等教育根植于英国重自由教育、排斥专业教育的传统，但却冲破了该传统的束缚，通过“赠地学院”大力发展了服务于工农业发展的专业技术教育。美国高等学校向德国学习，建设研究型大学，但却催生了享誉世界的高等职业教育机构——社区学院。正如埃利克·阿什比的观点，这种“突然异变”的、极其美国式的高等教育机构（社区学院）“无疑是中世纪以来高等教育发展史上发生的为数极少的大革新之一”①。美国没有单列的职业教育体系，但却在所有教育机构（包括普通教育、高等教育）中广泛实施着职业技术教育，通过多功能一体化的发展模式实现了支撑现代产业发展的高技能人才培养。正是基于此，仅有240多年历史的美国经历了从殖民拓荒到立国再到成为世界霸主的历程，演绎了大国兴起的罕见奇迹。在这一历史进程中，教育始终作为美国发展的重要支柱，尤其是关注并主动服务于社会经济发展需要的高等职业教育，更是对美国的崛起发挥了巨大作用。通过梳理美国高等职业教育的发展历程与发展特色，笔者期望对我国高等职业教育制度的改革、发展和创新有所借鉴和启示。

---

① ［日］天野郁夫：《日本高等教育的大众化与特罗“理论”》，陈武元、黄梅英译，载《国际高等教育研究》2001年第4期。

第一节　美国高等职业教育的发展历程

一、美国高等职业教育基本概况

位于北美洲中部的美国，其北与加拿大接壤，南靠墨西哥湾，西临太平洋，东濒大西洋。独特的地理位置使美国成为全球最大的移民国家，并形成了多元文化的基本特征。众所周知，美国的经济实力在全球领先，而其如此强大的经济实力与其先进的教育是密不可分的。尤其是其高等教育和职业教育，发展到今天已有4100多所颁发学士、硕士和博士学位的四年制大学；而两年制的社区学院则有1700多所。美国的平均教育水准极高，联合国的经济指数调查将美国的教育水准列为世界第一。

二、以社区学院为特色的美国高等职业教育的发展历程

在殖民地时期，美国高等职业教育的形式是沿用英国的《工匠徒弟法》，实际上是利用师傅带徒弟的方法来传授各种手工技术，也就是最早的学徒制。1839年，美国著名的教育家贺拉斯·曼在马萨诸塞州的莱克辛顿首次创立了专门训练教师的学校，向愿意为师者提供1～2年各科教学与教学法的培训。1851年，费城建立了一所专门讲授制造工艺和工业制图等课程的职业学校——春园学校；1859年，由工人协会在纽约创办了职业学校，主要招收社会青年以及在职工人，学习机械、纺织、冶金、印刷等专业课程。可以说，这些专门学校的兴办和发展对美国职业教育的发展起到一个积极的推动作用。然而，美国高等职业教育真正的发展开始于1862年《莫雷尔法案》的颁布：联邦政府共拨出1100万多英亩的公有土地为各州提供资金，建立“赠地学院”，开展农艺和机械等方面的职业教育，培养工农业专门人才。1901年，受芝加哥大学校长哈珀尔的影响，在伊利诺伊州建立了美国第一所社区学院——公立初级学院。自此，社区学院正式成为了美国实施高等职业教育的主要机构。美国前总统克林顿曾说过：“社区学院是美国的最佳特色。”

社区学院从19世纪末的初级学院运动发展到今天主要经历了五个时期。

(一)社区学院的萌芽及初步形成期(1892～1950年)

学制两年的初级学院在第二次世界大战之前主要是围绕普通教育而开设的课程，其主要目的是为大学选拔优秀的学生。但是美国受到经济大萧条和第二次世界大战的影响，初级学院迎来了它发展的黄金时代。尤其是第二次世界

结束后，一方面，受到战争的影响，人们希望社会不再动荡不安，而是人人得以安居乐业；另一方面，退役军人面临转业和就业问题。于是，美国国会于1944年通过了《退役军人重新适应法》，随后又颁布了《退伍军人就业法》，规定由政府贷款，使退伍军人得到必要的在职训练以便其安家立业，从而顺利转入安定的生活。在当时的社会背景下，初级学院增设了转业教育、职业教育等，为转业的军人和找工作的青年提供职业训练。

(二)社区学院的发展期(1950～1970年)

1957年10月4日，苏联宣布成功地把世界上第一颗绕地球运行的人造卫星送入轨道。这在给美国极大震撼的同时，也使得这个科技和教育极为发达的国家陷入了对职业教育的深思之中。1958年，美国国会就苏联第一颗人造地卫星发射成功一事而颁布了《国防教育法案》。该法案对高等职业教育的发展提出了新的要求，并规定在全国实行地区职业教育计划。到了20世纪60年代，高等教育入学需求增长，原有的大学无法满足高等教育大众化的要求，这就促使传统的高等教育向多样化发展，所以当时由初级学院发展而成的社区学院便成了高等教育中最具有生气的力量。此外，1963年颁布的《职业教育法》促使联邦政府在经费上给予职业教育很大的支持。20世纪60年代到70年代，美国的经济经历了一个从发展迅猛到发展缓慢甚至停滞的特殊阶段，整个社会呈现出就业困难、失业率不断上升的势态。更让人们对高等教育产生怀疑的是，四年制大学毕业生很难找到合适的工作。因此，社会对学习专门技术技能的要求更加强烈了。70年代初爆发的一场以训练学生掌握一定的职业知识和就业技能，减少辍学和失业为目的的生计教育运动一直持续到80年代。美国学者纳什·艾格尼指出："生计教育家必须抵制那种依赖人类的利欲和向上爬的微妙诱因刺激学生选择职业。我们必须帮助学生根据一种专业是否有助于自身发展……而加以选择。"①

美国的高等职业教育在1950～1970年间是个相对大发展的时期，当时不论从联邦政府的拨款、办学经费还是从师资力量、硬件设备等方面都有很大的增长和提高。特别是这种以社区为依托，培养大量技术人才的社区学院更是蓬勃发展起来了。

(三)社区学院的完善期(1970～1990年)

从20世纪80年代开始，美国开展了职业指导的理论研究，JAG计划(Jobs for American Graduates)就是给予学生在就业过程中技术的指导，协助社区安排学生从事卫生和社会服务。该计划始于特拉华州，社区学院也积极投入。

---

① 瞿葆奎主编：《教育学文集：美国教育改革》，人民教育出版社1990年版，第395页。

1989～1990 年，会员发展到 17 个州，涉及学生 2.3 万人。此外，由于 80 年代初美国经济慢慢复苏，社会由工业化向信息化发展，而以劳动密集型为主的工业生产劳动逐渐转为以知识密集型为主，这就要求工人具有更高的文化科学水平，以适应信息化社会的发展。因此，这一时期社区学院更加突出职业教育，以满足人们对职业培训的需要。而此时美国的高等职业教育体系较完整，与高校的衔接也较顺畅。高等职业教育机构以社区学院为典型，修业年限为 2 年，并授予副学士学位。同时，社区学院与综合性大学通过签署协议来帮助学生实现转学及课程衔接。在很多州，法律规定了四年制公立大学必须留出一定的学位给从两年制社区学院转学的学生。[①]

(四)社区学院新的发展期(20 世纪末～21 世纪初)

据 2004 年统计，美国有社区学院 1171 所，其中公立学院 992 所，私立学院 148 所。在所有社区学院中，有 87%的学院其学生人数超过了 1000 人，有 33%的学院超过了 5000 人。其中，Houston 社区学院有学生 3.6 万人，而 Diami Dade 社区学院的学生人数则达到 4.4 万人之多。到 2009 年，两年制的社区学院已经多达 3400 所，加利福尼亚州的深春学院只有 26 个学生，而得克萨斯大学奥斯汀分校却有近 5 万名的学生。

(五)社区学院的全面改革期(奥巴马执政以来)

"Changes We Can Believe in"(我们相信的变革)——美国总统奥巴马演讲时的一句话激发美国社会各个领域进行改革的欲望，当然社区学院也不例外。2009 年 2 月 17 日，奥巴马签署了《2009 美国复苏与再投资法案》，在 2009 财政年度，教育投入占整个投资额度的 18%，到 2012 财政年度达到 19%。此法案对于社区学院来说意味着要进行更多的教育改革。超过 1000 亿美元的教育投资对于刺激经济和改善教育来说是一个历史性的机遇。从奥巴马参加总统竞选到执政以来，他多次去社区学院演讲，还设立了"社区学院合作伙伴项目"，为社区学院提供经费；为了提高社区学院的人才培养质量，他还采取多种措施，例如增加技术类和艺术类课程、奖励培养高质量人才的社区学院、支持社区学院毕业生进入四年制大学继续学习等。

第二节　美国高等职业教育的主要特点

自杜鲁门高等教育委员会提出了关于社区学院的开创性建议到奥巴马执

① 参见李英英：《美国、澳大利亚、德国高等职业教育的启示》，华中农业大学 2011 年硕士论文。

政历经了70多年，而社区学院一直都是向社会所有年龄层的群体提供教育培训、技能培训及其他方面的服务，这样不仅可以发展社区，而且还可以实现国家的自我更新。在美国高等教育发展史上，社区学院的发展被看作是继土地赠予运动之后的又一次伟大的改革，因为社区学院对美国的教育和经济都起到了举足轻重的作用。从美国高等职业教育发展的历程中我们可以看出，不管在什么历史时期，美国政府和广大的公民都清楚地认识到了职业教育在经济发展中所起到的积极推动作用。每个事物的发展都有其自身的特点，美国高等职业教育也不例外。总体来看，其特点主要表现在四个方面。

一、科学的高等职业教育观

高等职业教育是美国高等教育体系中举足轻重的一部分。美国实用主义教育家杜威于1921年4月在中国福州青年会上的演讲《教育与实业》中讲道："国之有教育与实业，如人之有两足焉。人之两足能互助，故能行走。如一足前进时，它一足必支其后，方不虞颠仆，它一足前进时亦然，是即谓之互助。苟人只有一足，立且不能，况行走乎？教育与实业之关系亦类乎此。"[①]的确，如果职业不发展，那么国家经济必定不会发达，这样就会影响教育的进一步发展。它们之间是一种互助的关系，两者互相依赖，互相促进，才能共同发展。职业教育与经济的发展是密切相关的。政府屡次颁布的职业教育法案也都是在思想意识上不断地强化人们对职业教育的认识。因此，职业教育的观念深入人心，人们对其寄予很大的希望。特别是当美国经济陷入困境、就业率低下的时候，人们对四年制的大学教育产生了不信任甚至怀疑的态度，是职业教育的力量让人们看到了美好的就业前景和经济的起死回生。

二、完善的高等职业教育立法

美国社区学院协会的宗旨中首先提出要通过杰出的美国社区学院建设学习型国家。美国政府为了实现这一目标，多次制定、修改和完善高等职业教育立法，从1862年的《莫雷尔法案》到奥巴马执政以后新颁布的《2009美国复苏与再投资法案》的实施，美国政府不断地为社区学院提供经费支持和法律保障。

随着美国经济和社会的快速发展，社区学院办学规模不断扩大，美国政府先后颁布了近160个职教法规，使得美国拥有十分完善的职业教育立法。美国政府主要通过立法来定位社区学院，规定其在高等教育体系中扮演的角色。正是有了职业教育法的保障，美国各州职业教育规模不断扩大，培养了大量训练有素的技

---

① 瞿葆奎主编：《教育学文集：美国教育改革》，第579页。

术人员和普通的劳动者，使职业教育与劳动、就业更好地结合起来。

三、多渠道的经费来源和有力的政府支持

美国社区学院的经费主要来源于州政府拨款、地方拨款和收取的学杂费。虽然这三大主要来源在美国各州、各时期都有一些变化，但是从总体上看，州政府拨款比地方拨款和学杂费的总和还要多，因此州政府拨款是社区学院经费来源的一个主要渠道。

美国社区学院经费来源所占百分比，排前三位的分别是州政府拨款、地方政府拨款和收取的学杂费，其中州政府拨款所占比例为 38%，地方政府和学杂费所占比例分别为 20%和 17%，两者所占比例之和为 37%，比州政府拨款比例少 1%。从总体上来看，这三大主要的经费来源占整个经费来源的 3/4，而其他经费来源只占 1/4。

四、发达的社区学院和有效的社区服务功能

"社区"一词从字面上来看，可以理解为一个被服务和被建设的地区，其内涵极其丰富，它是教育、民众和文化更新的源泉，也是将要造就的一种社会风气，具有一股强烈的社会凝聚感。美国总统高等教育委员会于 1947 年发表了题为《为民主服务的高等教育》的报告，该报告强调应该把初级学院改名为社区学院，使社区学院能扎根于社区，为整个社区提供服务。[①] 自此，全美各个社区学院都设立了专门的社区服务部门，以便为社区居民提供各种形式的服务，包括职业技能培训、开展各种文艺活动、宣传科普知识、定期举办报告会和谈论会、进行行业咨询等。各地的社区学院均为当地的居民提供职业教育和继续教育，学有所成之后，这些毕业生大多数留在社区生活，再用所学知识回报社区、服务社区、为社区做贡献。[②]

美国发达的社区学院可以称得上高等职业教育的成功典范。这个成功典范在很多方面都是值得我们思考的。首先，"开放招生"政策是社区学院的一大特色。据统计，在美国 98%的社区学院在招收新生的时候，没有严格的入学考试；不管是高中毕业生、在职人员、失业人员，还是在校大学生都可以进入社区学院学习。其次，重视实践的教学形式是社区学院的又一大特色。"在制订整个教学计划时，把实践教学放到非常突出的地位，除安排实践课为全部课时的

① 参见张兵令：《美国社区学院在构建学习型社会中的作用及启示》，载《科教导刊》2018 年第 7 期。

② 李英英、张俊：《美国社区学院发展历程及其启示》，载《继续教育》2011 年第 2 期。

50%左右外，学生还必须利用寒暑假期在社区的相关部门实习，还建立了以培养应用能力和综合职业素质为基础的教学体系 CBE (Competency Based Education)和 DACUM (Develop a Curriculum)。"[①]以社区为依托和中心的社区学院，其主要目的就是服务社区、发展社区经济。所以很多的教学活动都是围绕培养社区需要的职业人才而开展的实践训练，这些实践训练是与学员以后从事的职业紧密相关的。最后，社区学院毕业生的就业方向及区域明确。社区学院一般由当地政府承办，90%的当地中青年在离家很近的地方就可以找到一所社区学院就读，而且社区学院的服务对象就是当地的社区居民，所以学院大多数的学员学有所成之后更愿意留在当地社区工作。

第三节　美国校企合作案例分析

美国肯纳金属集团(Kennametal Inc.)与圣文森学院(Saint Vincent College)合作案例分析

作为北美金属切削业的领袖、全球最大的专业刀具供应商之一的美国肯纳金属集团，其总部位于美国宾夕法尼亚州的拉特罗比。美国冶金学家菲利普·M.麦克肯纳经过研究发明了制造刀具的新材料：碳化钨－钛合金，在此基础上菲利普于 1938 年创立了麦克肯纳金属公司(McKenna Metals Company)，后来更名为肯纳金属集团。20 世纪 40 年代中期，肯纳集团研究和开发了应用于采矿业的硬质合金工具，推动了连续采矿机械的发展。随后硬质合金材料在各种对耐磨性要求严格的特殊零件(如阀类、模具、钻头、扫雪机刀片等)上的应用技术也被研发出来。在切削刀具、工具系统、新型材料、技术服务等领域，肯纳集团具有世界领先水平。肯纳集团下属主要运营机构包括：先进材料解决方案集团(Advanced Materials Solutions Group)、金属切削解决方案及服务集团(Metalworking Solutions and Services Group)、采矿业和建筑业分部(Mining and Construction Division)、工程产品集团(Engineered Products Group)、能源产品集团(Energy Products Group)、工业产品集团(Industrial Products Group)、电子产品集团(Electronics Products Group)、J&L 工业供货公司(J&I, Industrial Supply)、肯纳金属欧洲公司(Kennametal Europe)和肯纳金属亚太公司(Kennametal Asia Pacific)等。其主要业务是向金属加工和制造行业提供产品和服务的全面解决方案，其产品应用广泛、涉及领域

① 盛卫才：《美国社区学院办学经验对我国高等职业教育的启示》，载《民办教育研究》2010 年第 1 期。

较多，例如汽车、船舶制造，发电设备制造，纺织机械制造，铁路运输，道路建设等行业。

而创办于 1846 年的圣文森学院正好坐落于美国宾夕法尼亚州的拉特罗比，该学院与肯纳金属集团合作可谓天时地利。圣文森学院设立了 50 多个专业，不仅在模具制造、机械加工与自动化等领域培养了大量面向现代制造业需要的技术应用型人才，而且还为全球著名企业（如美国 Genetech，Citizens Financial Group 等）培养出众多在基因技术、国际金融等领域所需的高级管理人才。该学院密切关注肯纳集团在实施品牌战略过程中对校企合作的期望。而肯纳集团在与学院的长期合作中，也十分了解学院的教育指导思想和人才培养观念，集团现任主席、总裁和首席执行官马科斯·I. 塔姆巴克拉斯对学院的校企合作理念表示赞赏。集团向学院捐赠了数十万美元的金属切削刀具，提供了先进的刀具应用技术资料。对教师进行专业的刀具技术培训，将最新产品和最新技术引进课堂；学院向集团提供相关产品的技术讲解，支持集团员工培训及产品客户培训，为集团培养制造业专业人才。学院和集团彼此都希望建立相对稳定的合作关系，这样不仅有利于学生有更多机会接受到先进刀具的实际操作训练，而且还在校园文化与企业文化相互融合和渗透的过程中使学生与企业品牌共同成长。①

美国肯纳金属集团不仅对社区学院提供资助，而且还对高等教育院校的技术工程、机械技能培训和环境科学等领域进行资助。这些高校受资助的学生可以进入设立在圣文森学院的 Kennametal 卓越运营中心课堂观摩和学习先进的技术，或者参加全国刀具与机械加工协会主办的全国新人大奖赛。

第四节　美国高等职业教育对我国的启示

一、树立正确而科学的高等职业教育观

旧有的人才观、教育观已经脱离了对社会不同层次人才需要的实际，很多人还是重学历而轻能力，认为只有高考成绩不理想的学生才会选择就读职业院校。但是，现在的社会已经不同于“万般皆下品，唯有读书高”的时代了。所谓“三百六十行，行行出状元”，选择职业教育也可以使学生定位好自己未来发展

① 参见李英英：《美国、澳大利亚、德国高等职业教育的启示》，华中农业大学 2011 年硕士论文。

的方向，职业教育培养的技术应用型人才也是社会各行各业需要的精英。由于我国职业教育发展长期滞后于经济建设发展的需要，缺乏大量的职业技术人员，而劳动者队伍的职业技术素养也偏低，这已经严重制约了我国经济建设的发展。在此，我们可以借鉴美国职业教育的经验，转变思想观念，从我国经济建设和社会发展的战略高度来重新认识职业教育的地位，以及它对于推动社会经济发展的积极作用。

二、加强高等职业教育立法，完善法律法规保障机制

美国社区学院经历了一个多世纪的发展，到奥巴马执政之时已经先后颁布了近160个职业教育法律法规，从《莫雷尔法案》《史密斯一休斯法案》《学校一工作机会法》到《2009美国复苏与再投资法案》等一系列法案的实施，是美国社区学院快速发展的政策保障。由于社会政治、经济、文化等各方面的影响，美国政府对社区学院的发展非常重视。尽管我国于1991年发布了《关于大力发展职业教育的决定》，随后还颁布了《中国教育改革和发展纲要》《面向21世纪教育振兴行动计划》《中华人民共和国职业教育法》等，但这些法律法规并不能满足职业教育发展和社会变革的需要。现在我国已经把教育放在了优先发展的战略地位，所以我们不仅要在思想上重视职业教有的发展，而且还要在政策和法律法规上重视职业教育的发展。高等职业教育立法是促使我国高等职业教育发展的重要保障，要完善法律法规保障机制，确保职业教育在高等教育体系中的地位。

三、拓宽办学经费渠道，加大投入力度

美国社区学院经费主要有三大来源，即州政府拨款、地方拨款和收取的学杂费，另外还有联邦政府拨款与赠予、州政府赠予、地方赠予、私人捐款与赠予等其他来源。由于有多渠道的经费来源，美国社区学院经费在各个时期都很充足，这保证了社区学院发展需要的经济基础。奥巴马执政后，在美国启动了120亿美元用于社区学院的改革计划。据了解，这120亿美元中有25亿美元用于社区学院基础设施建设和技术升级，90亿美元用于增加学生人数和提高教育质量，剩下的5亿美元用于设计和开发免费在线教程。美国社区学院的发展不仅有多渠道的经费来源，而且还有美国政府大量的资金投入。

美国职业教育经费在各个时期都很充足，其中经费来源主要是联邦政府的拨款。美国政府的拨款额度相对于其他国家来说是很高的，这在经济实力上给美国职业教育的发展提供了很大的空间。例如，1917年美国颁布了第三个重要

的职业教育法案《史密斯－休斯法》。该法案实施后，1917～1918 年仅联邦政府在农业、工业、商业、家政职业教育、师资训练以及职业教育研究上，拨款达到 170 万美元；1921～1922 年，拨款增加到 420 万美元；1932～1933 年，拨款增加到 980 万美元。到 1956 年，美国共有职业学校和训练班 29285 所，用于职业教育的经费增至 17588 万美元。根据《2000 教育目标》，1990 年布什政府教育经费大幅度上涨至 3815 亿美元，占国民生产总值的 7%。虽然我国国务院于 2002 年发布的《关于大力推进职业教育改革与发展的决定》中强调，各地要依法督促各类职业学校举办者足额拨付职业教育经费，但是执行力度却远远不够。目前，我国的高职院校的经费来源主要是靠收取高额的学费，政府给予的资助还只是经费来源的一小部分。我们应该借鉴美国的经验，加大政府教育部门对职业院校的投入力度，同时也需要多鼓励企业、工商业捐助和私人赠予。

四、充分发挥服务地方经济的职能

美国研究社区学院的专家认为，"美国社区学院提供的社区服务就是社区学院利用其所有的人力和资源为所在社区的居民提供知识、文化、娱乐等服务。"[①]20 世纪 30 年代末至 40 年代初，美国处于经济大萧条时期。而此时，许多初级学院根据所在社区和当地政府要求，为失业工人和其他居民举办各种形式的短期实用技术型培训班，开设了汽车维修、装潢、饮食服务等大批实用课程。这些经过培训的社区居民毕业后，继续留在社区工作，为社区服务。我国沿海地带的经济比中西部地区经济发达，所以很多高校毕业生都希望去发达的地方工作，不愿意留在中西部发展。这样就很难充分发挥高等职业教育服务地方经济的职能。再者，我国的国情比较特殊，目前还处在社会主义初级阶段，政治经济文化还需要进一步地发展。如果我们可以学习和借鉴社区学院的经验，培养大量的当地社区居民，而毕业生又愿意留在社区服务，那么我国高等职业教育服务地方经济的职能就更容易发挥出来。[②]

在我国，社区职业学院主要应该设立在人口密集型的农村。因为我国是一个农业大国，农村人口所占的比例是相当大的。然而，农村的人力资源却相对滞后。建立针对农民的社区职业学院，开展农民职业教育，使农民在学习传统农业知识的同时，掌握各种新兴的农业技术，提供与现实生活密切相关的农业

---

① 高雪飞：《美国社区教育在社区学院中的实现形式研究》，载《河北广播电视大学学报》2013 年第 3 期。

② 参见张晓莉：《美国社区学院职业培训历史演变及借鉴启示》，山西大学硕士 2008 年学位论文。

知识和技能培训。这样既可以提高劳动者的素质和农业从业者的职业能力，又可以培养现代新型农民，以便更好地促进农村经济发展。此外，要调动地方政府办社区职业学院的积极性，积极争取高等农业院校给予理论和技术上的指导，通过企业和政府的资助建立起社区职业学院、社区领导、高等农业院校农业研究者和地方政府之间的网络和各种学术交流平台，进一步拓宽农民受教育的渠道，使全民更加重视职业教育。逐渐发展区域性的社区职业学院，使之成为有中国特色的社区职业学院。

第五章 新西兰高等职业教育体系简析

新西兰自20世纪80年代以来，在“新自由主义”理论的指导下，实施了一场以“市场为取向”的一系列教育改革措施，强化了国家对教育的宏观调控，加强了教育立法，实行了大学教育收费制。这些举措备受世界银行、国际货币基金组织、经济合作与发展组织等一些国际组织的称赞和推崇，并称之为“新西兰模式”。在1992～1997年为期5年的时间里，联合国会同美国兰德公司等17个世界著名的评估机构对41个国家进行了评估，内容涉及经济竞争力、外贸情况、教育水平、大学生所占比例等14项指标，结果新西兰名列第一。这其中当然也包括了高等职业教育的发展与改革。尽管新西兰“新自由主义”后来受到学术界的批评，然它山之石，可以攻玉，研究新西兰高等职业教育发展历程和发展特色，可以为我国发展高等职业教育提供某些可借鉴的经验。

第一节 新西兰高等职业教育发展历程

新西兰位于大洋洲的西南方，紧邻澳大利亚，面积为27万平方公里，人口459.57万(国家统计局2015年数据)，平均每平方公里12人，仅相当于世界人口平均密度的1/3，属于世界上为数不多的地多人少的国家。其中，欧洲移民后裔78.8%，毛利人14.5%，亚裔6.7%。官方语言为英语、毛利语。但是就是这样一个小小的国家，经济却十分发达，是世界上最富裕的国家之一，其2017年国民生产总值达到1868.41亿美元。在亚洲经济危机的威胁下，新西兰的经济仍然保持者稳定的增长。

一、19 世纪 80 年代至 20 世纪上半期——萌芽阶段

新西兰的高等职业教育有超过一百年的发展历史。初期的职业教育是在大学内设有部分的应用技术和实践课程，为大学生提供相应的技能培训。新西兰职业教育与培训最早可以追溯至 19 世纪 80 年代。由于行业对技术工人的需求，以及无所事事的青少年的比率上升，1886 年在惠灵顿成立了惠灵顿设计学校，是新西兰第一所提供技术教育的培训机构。当时是通过夜校或周末班免费对成人进行技术培训课程，课程主要以绘画等设计类为主。这所学校开启了新西兰职业教育的大门。随后，两次工业技术革命的影响带动了经济的发展，职业技术教育也得到了蓬勃的发展。

19 世纪末至 20 世纪初，由政府出资，全国各城镇纷纷建立了技术学校，大多以非正规夜校形式为成人提供各种手工业技能培训，开设科目主要涉及从知识性课程（如化学、拉丁文等）到实用性课程（如木工、洗衣等）以适应当时各地区社会发展的需要。据统计，到 1904 年，新西兰全国近 1400 个学生在遍及全国的 50 多个城镇、地区参加夜校培训。

1889 年，新西兰政府通过了《技术指导法案》，3 年后又通过了《手工业和技术指导法案》，要求各地方重视职业教育，并直接对技术学校进行资金投入与土地捐赠。这些法案对新西兰职业技术教育的发展起到了很大的推动作用。

20 世纪上半期，从英国传入的学徒制与在职培训在各行各业得到了广泛的发展，并逐渐走向正规的考核与资格认定。业余技术学校逐渐成为正规职业培训学校，提供全日制职业培训。部分中学有意向与技术学校合作，共同提供普通与职业相结合的教育，大力发展职业技术教育，培养技术工人。

但是，在最初的 60 多年间，新西兰的职业培训大多只在零星的几个实用技术领域中进行，而且所获得的政府资助金较少。在此期间职业教育培训的主要特点为：(1)出现了学校形态的正规职业技术教育，并与部分中学合并，大力发展职业技术教育；(2)技术学校只有初等及中等教育程度，主要培养技术工人；(3)政府干预职业技术教育，通过法律规定对职业教育提出资助，但对技术学校投资相对较少。

二、20 世纪 50 年代至 60 年代——建设与发展阶段

第二次世界大战结束后，由于大批的退伍军人需要就业，同时在新技术革命的推动下，传统工业部门进行了技术改造，以高新技术为核心的新兴工业部门开始建立，现代管理制度逐步引入，促进了劳动生产率的提高。这样，技术密集型产业的生产一线就迫切需要大批高水平的技能型、技术应用型人才和管理

人才。而以追求学术水平、培养精英人才为目标，采用单一人才培养模式的传统大学，以及提供初、中等职业教育，培养技术工人的技术学校，则很难适应这一需求。这就使得职业技术应用型人才的培养在高等教育和职业教育中处于空白。在这种时代背景下，专门的高等职业教育培训机构产生并得到快速发展。

1946 年，新西兰建立了技术函授学校（现称作“理工学院”），为第二次世界大战归来的军人转岗就业以及由于某种原因无法亲自来校学习的求学者提供远程职业教育培训，使得人们在不同地点、不同时间都可以接受正规职业教育，从而促进了技术学院的形成。

1948 年，政府通过了《学徒法案》，保留学徒制教育模式，但规定废除传统学徒制，代之以学员必须参加正规学校职业培训教育。

1949 年，新西兰技工证书局建立，监督新西兰职业教育的发展，负责开发课程、制定标准、举办考试等。

1956 年，新西兰教育大臣克拉伦斯在教育部年度报告中提出职业学校的最大变化是职业教育培训进入更高水平，发展高等职业教育。这一报告在高等职业教育的发展史上是一个具有深远意义的转折点。

1955 年，高等职业证书局成立，负责开发课程、制定评估标准、制定考试大纲和要求等。

20 世纪 60 年代，第一所高等职业学院——中央理工学院创立。随后在全国主要城市，新西兰职业教育与培训从高中阶段分离出来，重新组建职业学院，成为一个单独的教育部分。职业教育积极而有效地顺应了社会发展和个人生活的需要，建立起自己的管理模式。60 年代末，在新西兰的主要城市设立了 6 所技术学院。由上可见，第二次世界大战后的 20 年，由于新西兰政府对高技术应用人才的需求，高等职业教育应运而生。

这一时期的特点是：(1)远程职业教育得到发展；(2)外部管理与监督机构建立，确保技术学院的稳步发展；(3)政府相对投资比重加大，协助创立了多所技术学院，成为正规教育制度的有机组成部分。

三、20 世纪 70 年代至 80 年代——改革与提高阶段

到 20 世纪 70 年代后，仅仅在新西兰一些主要城市设立几所技术学院已经不能满足各地方对新兴行业及服务业发展的需求。尤其是进入 80 年代后，服务业继续蓬勃发展，而传统领域的矿产业、制造业等在不断萎缩，面对种种的改变，新西兰的技术学院也进入了一个重构时期。

20 世纪 70 年代，新西兰理工学院协会成立，由政府与各学院校长组成，监

督、管理所有的技术学院。

1972 年,政府意识到现存 6 所技术学院不能满足义务教育后的职业教育培训,于是提出建立社区学院,提供职业与非职业课程。1975 年,新西兰第一所社区学院——霍克斯湾社区学院建立,随后相继在全国各地建立了多所社区学院。

20 世纪 80 年代,社区学院与技术学院合并,改名为理工学院,提供从基础知识、职业证书到文凭课程,满足当地工商业界的需求。到 80 年代末,新西兰共有 19 所理工学院。

由此可以看出,这一阶段是新西兰高等职业教育继续发展时期。这一时期的显著特点是:(1)理工学院教育层次、类型、专业课程等结构多样化,但并不享有学院自主权,不能开设学位课程;(2)政府大量拨款并参与管理。

四、20 世纪 90 年代至今——完善阶段

20 世纪 90 年代,为使职业培训更能适应经济、社会发展和行业需求,新西兰政府认为应推动职业教育培训的行业管理,更大限度地发挥行业组织的作用。政府组织产业职业技能标准研发机构在国家制定的职业培训框架基础上,进一步形成了全国统一的职业技能标准,以此作为职业培训机构认证、课程设置审批和技能考核鉴定的主要依据,职业教育培训全面走向标准化、规范化。同时,新西兰大批理工学院也在推进改革。这些理工学院获得了更大的办学自主权,成立了各院的董事会;办学经费来源多元化;授予提供学位课程,小部分理工学院可以提供研究生课程。

1989 年,新西兰政府颁布了《1989 年教育法案》。大学享有更多的自主权,国家控制的某些权利下放给大学,这是新西兰又一具有历史意义的教育法案。

1990 年,新西兰资格认证局成立,它使各级教育质量得到保证,资格标准与过程更统一、更明确。

1990 年,新西兰理工项目委员会成立,由资格认证局权利下放,专门负责理工学院的外部质量保证、课程的注册与审核。

1990 年,新西兰资格框架建立,使所有义务教育后的教育培训资格认定都统一采用国家资格体系,这在职业教育学院的发展过程中意义非凡。

1992 年,新西兰政府颁布了《行业培训法案》,由此建立了 41 个行业培训组织,培养具有行业针对性的人才,与理工学院紧密联系。

至此,终身培训的格局基本形成。目前除了理工学院外,还出现了各种各样的培训机构,辅之以企业内教育的形式,并且各种教育培训机构之间还可以

互相转换学分，具有高度的灵活性，可以满足每个人的职业进修需求。①

这一时期特点是：(1)理工学院的教育体系得到进一步完善与发展；(2)高等职业技术教育日益受到重视，发展相当迅速；(3)政府建立健全外部保障体系。进入21世纪，知识时代的强大动力推动社会经济迅速发展，各个行业需要大量具有针对性的技术应用型人才。新西兰理工学院更多地致力于为行业、个人及社会经济发展的需要服务，满足学习者的需要，满足行业对人才需求的需要。面对着全球化及社会环境的快速改变，新西兰政府认为加强职业教育是提高国家综合竞争能力的重要手段，积极借鉴国际上先进的职业教育发展模式，不断改进理工学院职业教育制度，适应市场、技术和经济变化的需要，培养出更高素质的国民，使其在未来国际竞争的市场上占有一席地位。

第二节　新西兰高等职业教育的发展特色

新西兰人口仅为459多万，但它的高等职业教育却十分普及。提供高等职业教育的机构主要有三类：第一类是公立的理工学院，至2015年有18所，分布十分广泛，几乎每一个主要城市都设有至少一所的理工学院。这些学院除了提供以工业和职业为主的高等职业教育课程之外，还可以提供学士学位课程，这些学位课程同样受到新西兰政府的认可。第二类是私立高等教育机构。这类机构收费较高，并且课程的设置必须符合严格的质量标准，才能得到政府的认可。第三类则是私立培训机构。这类机构的注册登记以及课程设置均需新西兰学历权威机构的审核和批准。

经过多年来的发展与积累，新西兰的高等职业教育已经形成一个适应时代需求且符合本国国情的独特体系，为促进新西兰经济科技发展做出了重要的贡献。它自身形成的特色，主要可以从政府宏观管理特色、理工学院办学特色两方面进行分析。

一、政府宏观管理特色分析

教育的发展状况很大程度上取决于政府的宏观调控能力及导向。在地多人少，经济比较发达的新西兰，这一点表现得尤其明显。高等职业教育作为新西兰政府格外重视的一个环节更是被极度关注及扶持。在对高等职业教育的宏观调控过程中，政府通过灵活的市场运作机制和拨款方式、制定健全的国家

---

① 参见石学霞：《新西兰高等职业教育质量保障体系研究——以理工学院为例》，上海师范大学2012年硕士学位论文。

学术和职业资格认证制度、严格职业教育质量评估体系、实现中高职的有效衔接等一系列有效手段使得高等职业教育走上正轨，并高度适应新西兰经济，成为促进新西兰经济发展的推动力。

（一）灵活的市场运作机制和拨款方式

政府的教育经费基本上由教育部统筹管理使用，其对高等职业教育经费划拨方式主要有两种：第一种方式是直接划拨理工学院。教育部根据学校折合成全日制的注册学生人数、教师人数、课程类别和学校教学质量及社会影响等实行总额拨款。第二种方式是由新西兰技术局向教育部、国家工作与税收部、移民局等部门申请经费。经费的预算与执行实施项目管理，新西兰技术局组织各工业培训组织与私立培训机构、理工学院等教育机构签订合同购买培训。近几年，用于这方面的经费每年约1.7亿新元。政府大多数教育拨款是以合同的方式向教育培训机构购买培训位置。这种合同的签订和购买培训是建立在公平公开基础上的。谁最符合需求、谁最能满足实际需要、谁的培训质量最好，就与谁签合同，就购买谁的培训，无论公立、私立，无论学校大小，一视同仁。

国家通过拨款对就业与培训进行干预和引导。目前，新西兰政府正在逐年减少对高等职业教育的教育投入，鼓励高等职业学校成为自负盈亏的并能出口创汇的经济实体，促使各公立学校调整培训方式和专业设置，以适应市场对劳动力的需求。同时，政府主管部门每年根据职业培训框架和培训计划，确定职业培训项目和指标，在有资格的学院、社区、私立和企业的职业培训机构中进行招标，哪一个职业培训机构适应经济和社会需要，且质量高（学生的巩固率高、毕业生获证率高、就业率高）、成本低（生均经费低）即中标，中标者获得该项政府投入，以此来不断提高职业培训的质量。国家也鼓励单元式技能标准开发设计，教学大纲、教材模块式编写等系列培训项目都进入技术市场招投标。甚至国家对各类培训机构教学质量评估、高等职业教育经费拨款都以劳动力市场的就业率、产业部门的满意率为唯一标准。对就业率低于65%的任何一所培训机构都将取消当年拨款计划（政府对投入各培训机构经费年终结算），并取消其下一年度培训项目。连续几年就业率没有达标，培训实体遂将倒闭破产。政府正是通过这种培训市场的激烈竞争，刺激职业技术教育事业蓬勃发展。政府不但重视对职业教育的投入，而且还更重视发挥经费的最佳效益。这种市场运作机制和拨款方式体现了政府引导市场的作用。这种管理模式促使高等职业培训机构最大限度地适应当地经济和社会发展需要，高效率地利用教育资源，鼓励高等职业培训进入社会市场竞争，得到企业等社会各方面的资助。

（二）制定健全的国家学术和职业资格认证制度

新西兰资格认证局是国家学历学位和职业资格认证的主管部门。其主要职责是负责管理国家学历、学位和各种证书教育的资格认证。它是独立地制定标准、认证资格、审批注册有关教育和培训机构的国家行政机构。它在审批认证各类课程资格标准过程中，一方面注重国家的产业结构和就业结构需求，另一方面吸收有关工商企业界和用人部门的工程技术人员、专家参与起草、审核、评估、论证。新西兰职业教育在行政管理上的一大特色，就是国家设专门的机构，归口管理职业资格框架的制定和资格的认证。其积极意义在于：一是建立了统一的职业资格和学历文凭的标准体系，使教育培训与职业资格形成有机整体。二是在职业资格认证上避免了政出多门、职责不清、体制不顺的弊端。三是统一了各类职业和学术资格教育与培训的目标及评价标准，既便于受教育者明确学习的目的、内容及证书的效用，也便于社会和用人部门各取所需、择优选用人才。四是确保了国家资格的权威性，既保证了人才培养规格和质量，也保证了人才所获得的相应资格在国内、国际上都得到承认。政府有关法律规定，职业资格证书在全国通用，只有取得了职业资格证书，才能从事相关职业的技术性工作。职业资格证书成了求职就业的必备条件，雇佣者以此作为上岗、确定报酬的依据，而且还也是其免除相应法律责任的依据。新西兰的职业资格证书制度效果十分明显，并被社会普遍认可。

目前，新西兰国家资格认证局又推行了一项新的更为灵活开放的资格证书制度——对以往学习的认可。它的目的是获得一种灵活的证书制度，同时获得对学习者早已拥有的技能的认可。在实践中，他们努力为早期拥有工作经验但辍学的人以及那些先前不利群体提供接受教育的机会。这一政策不仅使个人学习者在不同程度上受益，在较短时间内以较少投入获得一份资格证书，而且还有利于促进教育机会均等，鼓励人们获得必要的技能并因此取得经济和职业成功。此外，教育家和工业部门也从中得到受益。工业部门的培训更加显得有针对性，而教育家从工业界的紧密联系中得到许多实践经验，更加丰富了自身的专业素养。

（三）严格高等职业教育质量评估体系

1993 年，新西兰政府成立的学术审查小组负责开展综合的质量保证检查；新西兰资格署负责理工学院和私立学校的质量保证工作。但在高等院校数量盲目扩充的同时，教学质量出现了下降。为了改变这种现状，新西兰将建立一个新的质量保证机构——新西兰质量保证署。质量保证署属于政府机构，它的主要职责是对当前的一些质量保证机构进行授权与调控，使它们升格为质量认可处，保证它们能够对院校进行有效、公平的质量认可与检查。质量认可处在性质上介于官办与民办之间，负责对新设院校的课程、内部组织、财政和质量保证体系等进行评估和认定，同时对所有学校进行不定期的质量检查。也就是说，新西兰政府通过立法、拨款资助建立或扶持一个独立(或相对独立)、自治的评估机构，制定评估标准、要求、计划、组织和培训专家对学校、专业和课程进行外部评估，利用评估报告和结果，保证高等教育的质量，为政府的决策提供依据。因此，评估机构制定的评估标准、评估方式和评估结果一般不受政府的干预，以保证评估的客观公正性，从而通过这种评估有效地保障了新西兰高等职业教育的发展。

(四)中高职的有效衔接

新西兰的中、高职衔接主要体现在其颁布执行的国家资格体系框架中，其职业教育的层次结构是将义务教育阶段第 11 年级之后的各种学历教育和培训及相对应的学历、文凭和职业资格，由国家的专门机构，按应具备的知识技能、职业能力或学术水平、基本学制年限、学历学位层次等方面划分为 10 个水平级。每个级别均有相应的国家资格标准，同时也对应着一定的经国家认证的资格证书、文凭及学位。其中，1～4 级为资格证书培训(含大学的预备教育)，4～6 级为文凭教育(相当于专科层次)，5～8 级为学位教育(相当于本科，授学士学位)，8～10 级为研究生教育。按职业教育的一般分类，新西兰高等职业教育大体分布在其 1～8 级的区域，但其主体为 1～6 级间各种教育和培训。其中 1～4 级的培训相当于我国的中等职业教育与培训，5～8 级相当于我国高等职业教育。但在 5～8 级间，由于培养目标的不同，是普通高等教育与高等职业教育的并存区间。该资格框架中每一级资格要求明确，不同层级资格之间的要求相互衔接。新西兰规定资格框架中各层级资格必须相互承认，并且允许在资格框架内学分间的相互转换。新西兰的学分转换制度有共同的基础，它建立在全国通用的资格框架和资格模块的基础之上，这在一定程度上保证了学分的等值性。新西兰学分转换的涉及面比较广，涉及不同培训机构之间、不同层级的资格证书之间的转换。因为新西兰的学分具有等值特性，所以其学分转换比较有效，中等职业教育专业一般能够在高等职业教育中找到相应专业。学生可根据自己的资格条件(注册学习某一等级证书或文凭、学位课程，均有相应的资格要求)、职业方面、学习能力、兴趣爱好等情况，选择具体的学历层次、课程和学习内容。尽管国家对教育与培训有严格的水平级别划分，但国家资格体系框架的总体概念是无缝对接和终身学习的体系。同一专业方向从证书培训到学位教育，各类课程设置有着密切的内在联系，层次、水平、内容是递进和包含关系。同时，各类教育与培训之间也没有严格的界限与限制，可以先获取证书，积累一定的学分或修完一定的课程，再学习文凭或学位课程；也可以先拿到某一文凭，再学习其他专业领域的证书课程或再学习其他文凭、学位课程，只要是课程或内容相同，已有的学分在各类学校或培训机构之间均互相承认。新西兰的中高职衔接十分重视内容的衔接。新西兰的国家资格框架明确了不同层级资格的标准。例如，不同级别的模块规定了要获得不同级别证书应该学习的基本内容，而且全面实行了学分制，所以新西兰的中高职衔接不在于学习时间的衔接，而在于学习内容的衔接，具有明显的内涵(内容)衔接的特性。新西兰在中高职衔接方面，有宏观政策作支持，以相同或相似中高职专业为前提，有灵活的教学方式作基础，还有具体衔接方式方法作保证，衔接的内容既包括教育也包括培训，已形成了比较成熟和科学的体系。

二、理工学院办学特色分析

理工学院是新西兰的公立高等职业学校。它主要培养社会所需的实用型人才，每年入学人数占高等教育总人数一半之多。随着信息时代的发展，在政府大力倡导高中毕业生选择职业教育，1999 年注册于理工学院就读的学生为 117590 人，到 2017 年为 221080 人，每年入学人数呈上升趋势，逐步成为新西兰高等教育的重要组成部分。作为高等职业教育的领先者，新西兰理工学院通过几十年的努力改革，已经形成了多方面的办学特色。

(一)以市场与就业为导向的专业、课程设置与教学组织形式

新西兰理工学院以当地市场为导向，形成职业培训的市场化运作机制，与当地工商业界结成伙伴关系，开设市场需要的专业与课程，以便能较好地解决职业培训怎样既适应产业部门的需求又满足受训者个人需求的问题。

1.专业设置

新西兰理工学院的专业设置以服务经济社会发展为基点，紧密联系工商企业、行业，直接影响其招生与学生就业情况。概括地说，新西兰理工学院的专业设置以市场为导向。其专业设置针对产业部门的需求，对于一些跨学科的岗位，则设置综合化的专业，实现相关学科甚至不同学科之间灵活开放的教学组织制度。

新西兰目前公立高等职业学校(不包括短训班和其他非正规学校)的专业设置多达 150 多种。专业设置无所不有，覆盖面之广令人吃惊，许多科目设置完全取决于社会需求。例如，位于南岛的奥塔戈专业技术学校，除了普通的机械、汽车、企管、商务等专业外，还有职业病理疗、接生、护理、旅游、服装设计、烹饪、宾馆服务等。几乎所有专业都实行计算机管理，教学的硬件设备一应俱全。类似上述专业课程的设置，非常强调理论与实践相结合。教务管理人员和教师不仅是理论教学的设计者，而且还是实践者。学校所授课程兼顾学术和职业两方面。基督城理工学院位于新西兰第三大城市基督城，拥有十多年的历史，是南岛此类学校中规模最大的。学院一切从实际出发，为了能使学生学有所用，

所有专业课程的设置均参考了当地工商业以及教育和社会团体各界专家顾问的建议，所以实用性很强，对学生顺利毕业后尽快找到工作非常有利，并且为学生将来的事业发展打下良好基础。塔拉纳基理工学院每年向学生提供20多个专业，分别为：会计、旅游与酒店管理、商务学习、公路技术、工程学、护理、幼儿教育、公共关系、文娱和体育、社会科学、艺术和设计、毛利语、土地科学、法律、销售、焊接、建筑、美发、理科和英语。专业设置既能满足学生的就业，又能满足当地各工业、服务业的发展需要。该校针对信息系统发展开设了应用信息系统专业、商务会计专业和计算机教育专业。较低教育层次提供对信息系统领域研究的基本知识，使学生对信息领域所涉及的级别概念和基本技能要求有一个基本的了解，以便训练上岗；较高教育层次提供特殊信息支持领域的专门知识与信息发展领域的专门知识研究，对进一步从事信息领域的研究和培养科研人才十分有针对性。

2.课程设置

新西兰理工学院的课程设置以工商企业界用人部门的实际需要为前提，以行业组织制定的职业能力标准和国家资格框架为依据，主动为社会和地方经济服务。具体内容和安排由企业、工商业、理工学院协会和学院联合制定，开发各种特色课程，并根据当地经济发展变化的情况而不断调整与修订。有时，甚至会为社会或企业的特殊需要“定做课程”。行业协会负责开发教学计划和模块课程大纲。教学计划的开发由理工学院协会学术讨论部具体负责，在参考国家提出的能力要求并听取地区行业顾问委员会、企业和理工学院学院有关专家的意见后，制订出教学计划。课程开发权归理工学院协会学术讨论部。如有教师、企业技术人员或专家认为需要向学生介绍某门课程，他必须提出申请，当决策部门了解情况后认为有必要开发该课程时，必须以招标的形式向社会发布信息。确定课程开发后，教育服务处要同开发院校签订合同，明确课程开发时间、具体要求、经费和课程主审。

理工学院提供1500多门课程，包括商业、信息管理、社会科学与健康、生活与生产技能、教育、农业、畜牧业、建筑、工程、林业、旅游和旅店业等，课程设置完全取决于社会需求。提供的课程主要是基础知识学习，也有部分学位课程，相应获得的文凭为学习证书、毕业文凭、学士学位以及从基础资格到学历水平的国家职业证书和国家毕业文凭。学院课程注重实用性和实践性，基本都是与职业教育或培训紧密相关的专业基础课和专业课，一般不设文化基础课和体育等公共课。课程的讲授是理论与实际相结合，但偏重于实践应用与职业素质的培养。除单独设立的实践教学环节外，理论教学与实训融为一体。特别是一些实践性较强的课程，如烹饪、计算机技术、护理等，基本上在操作间、实训室或相应的专业教室进行现场教学,讲、做、练一体化。老师直接面授的时间不是很多,即使是全日制学生的课时一般每周少的不足10节,多的不过20节,其余时间学生自主学习或以小组为单位开展一些与课程有关的活动。各类学校均有严格的考核制度,一是每门课程均有非常细致的考核标准,二是考核过程贯穿学习的始终,平时的作业、论文、报告、设计等都有严格的考评,并记录在案,作为最终评定成绩的依据。

3.教学组织形式

虽然新西兰有严格的国家资格体系标准和完善的认证制度,但在具体人才培养过程中却是灵活多样的。

第一,国家虽然制定统一的资格标准,但并不预制课程,也没有统编的教材,而是由教育培训机构按照国家的标准框架自行组织教学。

第二,教学过程中充分体现教师为主导、学生为主体,注重学生个体发展和以人为本的现代教育理念。大量的教学活动时间是学生自主学习,教师的作用主要是组织与指导。学生可采取全职或兼职方式,培训时间可以自由选择,教师也可以根据企业的时间安排在工作地点授课。通过不同时间学习(选择白天或晚上到校学习)、利用互联网学习、协议学习(学生与教师商量,哪些内容自修,哪些内容需要教师辅导,共同做出学习安排,残疾人甚至可以要求教师到家中辅导)等学习方式的灵活运用,基本上实现从以教师的教为主向以学生的学为主设计教学模式的转变,比较好地体现了新西兰理工学院灵活、多样性的特点。同一教学班可以依每个学生的实际制定不同的教学进度和内容,注重培养学生的学习能力和创新意识。实行弹性学制,入学年龄不受限制,在校学习时间可长可短,学分可以保留,也可以转出。例如,可以用3年的全日制学习获得一个学士学位,也可以用6年的非全日制学习来获得相同的学位。某些短期课程可以集中在1～2周或1～2月内学完,可以利用晚上或周末的时间进行,使那些平常无暇学习的上班族得以更新知识,扩大知识面。

第三,教学形式多样化,教学地点流动化。大部分专业的教学不是一支粉笔、一块黑板的传统课堂教学法,而更注重实际能力的培养。这要求学生具备自学、检索资料、解决难题和自己寻找课题等能力。学校采取小班授课,重点是以学生的兴趣为中心,并且为学生提供支持性的服务。教师在课堂的讨论式小班教学中,往往只讲解重点,其余则指导学生如何自学,如何查找相关资料并解决问题。教师设计丰富多样的课堂学习活动,引导学生学习,鼓励学生思考、提问。常用的学习活动有问答、小组讨论、调查、操作演练、演讲等。有的课程如汽车修配、烹饪、美发等实际操作课程都在实践中学习。教学地点可以是教室,也可以是实习车间、工作地点等场所,理论教室常和车间紧邻,以方便学生边学边做。各校都设有灵活性学习中心或开放学习中心以方便学生学习。将教室和实验室甚至生产车间合为一体，形成理论教学与实际操作能力教学融为一体的教学环境。①

（二）创造终身教育体系

由于市场经济机制的完善，经济上产业结构调整加快，劳动者一生从事某一种劳动岗位的时代已告结束。因此，每一位公民一生工作岗位可能要变化4～5次，每次工作变化必然有一段职业培训提高的经历，每一位公民都面临着终身培训。

各行各业的在职人员需要不断提高从事本行业的技术知识，以适应行业快速发展的需要。极少数青少年未能完成12年义务教育，没有升入高等学校继续学习，但到了一定年龄需要就业时，必须掌握一定的生产技术，因为无论从事何种工作都得有某种相应的专业技术证书。因此，新西兰理工学院在建立终身教育理念的基础之上，突破了传统的一次性教育的局限，帮助学习者在任何阶段规划自己的职业生涯，提供从职业证书、文凭到学位资格领域的技能应用型教育。例如，为在义务教育阶段没有获得职业技能的公民提供基础的职业教育；为在职人员提高适应市场新发展所需的技能。总之，要让学习者能随时随地获取知识，帮助发展他们达到个人目标和充分参与社会、市场所需要的技能和知识的要求。因此，新西兰理工学院力图创造自己独特的终身教育体系。它们在招生上没有年龄限制。据统计，新西兰理工学院接受学习的人员年龄从16岁以下到40岁以上不等，学生年龄分布十分广泛，让不同年龄段的人都拥有受教育的机会。在某种程度上，这反映出新西兰劳动者知识、技能更新较快和社会对劳动者知识、技能更新的要求不断提高。

新西兰理工学院在教学方式上灵活多样，既有传统的课堂教学，也有师傅带徒弟式的手把手教学，还有现代远程教学。实践教学则在实验室或车间进行，完全按实际工作要求操作。远程教学采用印刷资料、电视、电话、录像、录音、传真、电子邮件和网上在线等方式全方位开展，初步建立了任何人在任何地方都可以接受高等职业教育的全民终身教育体系。

（三）高素质的教师队伍

新西兰重视对理工学院的师资管理，采取聘任制，注意运用竞争机制。激励机制和约束机制来调动教师工作的积极性，提高人才培养的质量。理工学院的教师由各学院自己聘任，但要接受教育主管部门严格的资格审查。理工学院的办学目标十分明确，以培养能上岗，具有较强实践技能的应用性人才为目的，

① 参见曾杨：《新西兰高等职业教育特色研究》，西南大学2008年硕士学位论文。

因此其对教师的任用资格有严格的规定。除一般学历要求外,专职教师必须具有下列条件:3～5 年专业工作实践经验;具有合适的技术资格尤其是教师资格(成人教育文凭);取得大学毕业的学位,经过一定的师资培训;掌握熟练的教书育人方法等。教师被正式录用前,必须经过一年的试用期,逐渐拥有了充实的学术造诣、渊博的专业知识背景和丰富的教学经历。教师队伍由专职和兼职两部分组成,而且兼职教师比例较大。2015 年调查数据显示,当时在新西兰理工学院中的兼职教师已经占到 48%,接近 1∶1。由于学院与企业之间关系非常密切,理工学院约 2/3 的教师是从企业中来的。选聘兼职教师的主要标准是:具有 3 年以上的专业工作实践经验;具有合适的专业技术资格;有较强的生产现场操作能力。聘任前须与学校签订合同,由学校根据任课多少,拨给兼课费。这些兼职教师很好地弥补了因专业转换而出现的教师数量不足的现象,有利于专、兼职教师相互切磋,提高新西兰理工学院人才培养质量。同时,他们也带来了企业的最新的信息和技术,而且教师可以把好的学生推荐给企业,解决了学生的就业问题。为了保证教师们能够跟上知识更新和企业技术发展的步伐,适应课程教学发展要求,学校要求教师除参加各种新知识讲座和新技术培训外,还必须经常或定期去企业进行技术实践,参加企业培训,从而获得经济发展的各种新信息,以适应市场对高等职业教育的新需要。

(四)重视与企业联系,强化产学合作

新西兰理工学院组织机构均有行业、企业代表,对理工学院的发展,如适应就业市场、满足企业需求、争取经费投入等,作出宏观决策。他们还参与制定办学操作规范,使理工学院的专业设置、培养目标、课程结构、能力标准、教学模式等方面纳入行业需求的轨道。除了规定理工学院的长期任职教师必须具有 3～5 年在企业工作经历之外,行业还鼓励兼职教师到学校讲课,以最新的职业技术来影响学校的教学工作。行业通过帮助学校建设实训基地,接待学生学习等方式参与学校的实践教学工作。为培养出掌握先进技术的后备人员,企业将最先进的生产设备提供给理工学院使用,以加强校内实训实习基地建设,并负责不断更新。同时,行业还负责教学质量评估。理工学院每年都向企业及社会提供本年度毕业生情况,而企业也给予学校以财政支持和专业设置建议。企业不仅与学校保持密切联系,而且在政府的支持下,还举办各种面向本企业职工的职业培训。

新西兰共有 41 个行业培训组织,覆盖了新西兰 6%的雇主和 70%的员工。行业培训组织必须为本行业设置全国的技术标准,组织在职和业余时间的培训,监控培训的质量,在行业内起领导作用。学校与企业保持紧密联系。所有理工学院定期根据校企双方的董事要求及时调整教学,使学生所学专业理论与实践相结合，培养今后企业所需的合格人才。理工学院通常是接受企业的委托，帮助企业培训员工，这样企业也不需要专门组织培训教师，而只要委托学校就可以了。培训完毕，就颁发相应的资格证书。这些培训课程，还可以纳入学校的教学计划去培训其他的学生，而且企业会支付培训费。学校教给学生的永远是最新的技术和最实用的技能。这样培养出来的学生十分受企业的欢迎。企业需要源源不断地补充合格的人才，而学校则需要企业适度的财政支持和对专业调整的建议。例如，奥塔戈专业学校每年都要与企业协会就人才需求、培养、资助等问题进行实实在在的探讨，并将学校与企业协会商讨的结果用公报形式公布于众。

（五）对外输出，教育国际化

新西兰作为世界上高等教育较发达国家之一，加上拥有英语这一世界通用语言的独特优势，一直是世界上主要接受外国留学生的国家之一。新西兰非常重视把本国的教育推向国际市场。一方面，积极参与国际上的教育组织机构及其活动，学习借鉴其他发达国家先进的教育模式和经验，并使本国的各种学历学位文凭和证书得到国际上的承认，扩大其影响；另一方面，积极将本国的教育向外输出。在这方面，新西兰教育部强调授权，弱化管理，因此各级各类学校在开展国际交流方面享有很大的自主权，几乎所有的高等院校均有与其他国家交流合作项目。一些理工学院与韩国、新加坡、马来西亚等国家合作，将本校的证书培训文凭、学位教育推向这些国家和地区。同时，国家制定一系列政策鼓励和吸引海外学生到本国学习。尤其是新西兰政府出台的《关于国际学生招收、福利和服务的行为准则》，强调加强对国际学生的关心，提高福利待遇。目前海外学生已大量涌入新西兰，新西兰每年招收的海外学生达5000人以上。政府年度性的审核拨款和激励职教培训、向外输出创收的形势，使得新西兰职业教育越来越市场化、国际化，竞争也越来越激烈。随着经济的全球化和高等教育的国际化出露端倪，大力开拓留学生市场，几乎成为发达国家的共同战略。新西兰理工学院都设法招收留学生，这样既能弥补因政府减少教育经费造成的经费不足，又可以自由支配留学生所缴的学费，为职业教育增加了大笔经费。目前，新西兰理工学院留学生已经超过了10%，每年有10000多名海外留学生，总的学费收入超过7000万新元。这种形式可为学校带来收入，也可以为学生创造实践机会，还可以促进大学科技的转化与资源的充分利用。

第三节 新西兰高等职业教育对我国的启示

新西兰这个人多地少、资源匮乏国家在短短几十年间，从一个发展中国家一跃成为政治稳定、经济发达的现代化国家，可以说是一个国家发展的奇迹。新西兰经济与科技的高速发展在很大程度上与其职业技术教育，特别是高等职业技术教育的成功是分不开的。21世纪是知识经济时代，需要大量技术应用型人才。我国高等职业教育面临着新的发展机遇与挑战，同时也存在着很多问题。因此，我们需要学习和借鉴先进的外国经验。尽管新西兰与我国在政治、经济以及文化背景等各方面都存在着差异，但是新西兰政府对高等职业教育的有力领导与调控以及新西兰理工学院所展现的鲜明特色都是十分值得我们学习和借鉴的。

一、加强与完善政府对高等职业教育的宏观调控与规划

新西兰政府对高等职业教育进行宏观管理及规划，注重通过制定法律、法规和政策来支持与保障高等职业教育的发展。比如，通过灵活的市场运作机制和拨款方式、制定健全的国家学术和职业资格认证制度、严格职业教育质量评估体系、实现中高职的有效衔接等一系列有效手段使高等职业教育走上正轨，并使其适应经济发展。这就启示我们必须充分认识高等职业教育战略地位，必须在法制、机构和经费上给予保障，加强国家对高等职业教育的统一规划和管理，充分发挥政府的主导作用和统筹协调作用，逐步建立统筹规划、分工负责、相互协调、自主发展的管理机制。

另外，应该为我国高等职业教育发展提供更多的经费支持，并同时致力于拓宽高等职业院校的经费来源。目前，我国高等职业教育的发展面临严重的经费短缺问题，而相当多的职业学校尚未形成自我发展的能力和机制。在我国，高职教育的投资体制是多元化的，已基本形成了国家、地方政府、企业和个人多渠道依法筹集高职教育发展资金的多元化投资体制。政府投资大致比例少于40%，投入明显偏低。高职院校的办学经费，主要来源于政府拨款、社会资助、捐赠、学生个人学费，而大多数高职院校尤其是民办高职院校的经费主体是学生个人学费，而且那些规模扩展迅速的高职院校都背负着巨额的债务。政府应该一方面增加对高等职业教育投入的比重，另一方面鼓励并引导高等职业学校以市场为导向，进入社会市场竞争，争取得到企业的帮助和支持，在发挥经费的最大效益的同时提高职业学校的自我发展能力。

同时，要建立完善的学历文凭和职业资格证书体系。我国目前还没有专门评估高等职业教育质量的机构，也没有科学的、规范的质量评估体系，高等职业技术教育的发展还缺少有效的外部保障条件。因此，我国应该建立专门的、权威性的高等职业教育协作机构，作为联结政府、学校、企业（行业）的纽带，制定各行各业全国统一的技能等级标准体系，加强在人才需求的预测与就业指导方面的统筹规划，并对人才知识和能力进行权威的鉴定。

二、加强高等职业教育与中等职业教育的衔接

新西兰十分重视中高职的衔接问题。其中高职衔接有宏观政策作支持，以相同或相似专业为前提，有灵活的教学方式作基础，还有具体衔接方式方法作保证。衔接的内容既包括教育，也包括培训，已形成了比较成熟和科学的体系。

我国现有的职业教育从规模、结构来看，在初等、中等职业教育系列中有初等职业中学、中等专科学校、中等技术学校、职业高中、职教中心等，高等职业教育系列中有职业技术学院、本科二级学院、高等专科学校、成人高校等。虽然办学形式多样，但缺乏有机的联系。中等职业教育与高等职业教育沟通不足，从事高等职业教育的院校之间也缺乏联系，更为不利的是高职专科教育成了终结性教育。整个高等职业教育体系中存在“两头小，中间大”（初职、高职比例小，中职比例大）的不合理的格局，加剧了社会对高职的错误认识，限制了高职的发展空间。高等职业教育与普通高等教育之间各自封闭，自成体系。高等职业教育在层次体系上存在中、高职之间上下衔接不够，高职院校学历层次单一，高等职业教育与普通高等教育间缺少联系与沟通等问题。因此，必须建立明确具体的、具有衔接特点的中高职目标体系，将中高职衔接从重视学历衔接，转向重视内容衔接，并重视行业、企业在中高职衔接方面的影响，从而高效、科学和系统地实现中高职的衔接以及在全国范围内的标准统一，推动高等职业教育健康、有序地发展。

三、发挥行业在高等职业教育的主导作用

新西兰设有41个全国性行业培训咨询组织。这些组织进行本行业的就业需求预测和职业分析，制定职业能力标准，向学院与其他教育和培训机构提供专业、课程和教学依据。行业在新西兰理工学院中起主导作用：行业主导有关高等职业教育和培训的宏观决策，参与理工学院办学的全过程，并直接参与学校管理；行业对高等职业教育高度认可，高等职业教育的毕业生有很好的就业前景，从而提高了高等职业教育的社会地位。

近年来，我国进行了高职教育体制改革，实现了某些行业部门直接管理高

等学校的状况,实现了对高等职业院校的中央和地方两级管理。但是,很多部门同时也放弃了对行业教育的指导功能,相当多的行业协会现在才刚刚成立,对行业教育的指导尚未列入日程。因此,如何尽快发挥部门、行业协会在发展我国高等职业教育中不可替代的作用,是一个急需从理论和实践两个方面予以解决的重大问题,应引起教育行政管理部门的高度重视。

基于对先进经验的总结,笔者认为应从以下几个方面进行改革:第一,由政府组织,依靠行业协会和有关组织制定好国家劳动就业资格制度等有关文件。第二,依靠行业协会或发挥有关组织作用,逐步推行全国范围内认可的持证就业制度;与有关部门协商,充分运用经济杠杆,使行业、企业,尤其是掌握大量世界领先技术的跨国公司为我国的高职教育和培训服务。第三,加强各个行业协会与高等职业教育的紧密合作,真正做到行业主导职业教育的发展。

四、高职院校应找准定位

新西兰 20 多所理工学院分布在南岛与北岛各大城市与地区。它们根据当地经济的发展需求,培养技巧娴熟的劳动力,促进经济与社会的发展,致力于满足短缺行业的需求,满足雇主的需求。

我国必须推进高职院校办学观念转变,高职院校应树立起以就业为导向的办学思想,积极探索以就业为导向的办学模式,建立以就业为导向的办学机制;同时,又需要教育行政主管部门在政策上的大力推进。通过政策的引导和规范,使高职院校真正树立起以就业为导向的发展观。

高等职业学校要更好地改革与发展,定位准确是十分重要的。首先,要找准人才培养标准的定位。学校应为生产、建设、管理、服务等一线部门培养应用型人才,培养具有必要理论知识和较强实践能力的技能型人才;应根据当地社会经济发展状况,适应当地产业发展需要,使培养的人才立足当地经济发展,并服务于当地经济发展。其次,要找准区域经济的定位。学校应在专业建设、课程建设、师资队伍建设等方面有所侧重,但也不能因过分迎合市场的需求而全盘否定原有的成果。以职业、行业为基础,以培养能力为本位的高等职业院校,其专业设置、课程建设更应与当地的社会经济保持协调发展,且要随着当地经济建设和社会需求的变化而做出相应的调整。高职院校要达到此要求,就必须深入行业、企业,了解它们的最新发展,开展人才需求调研,及时调整专业设置,完善课程结构,更新教学内容,切实做好高职教育教材的建设工作。

五、推进高职教师队伍建设

加强高等教育师资队伍建设是实现高等职业教育培养目标的关键。高等职业学校只有加强师资队伍建设，全面提高师资队伍整体素质，才能突出自己的办学特色，提高教学质量，培养出合格的高等技术应用型人才。

目前，我国高等职业教育师资力量不足，学历达标率低，结构不合理，师资管理还没有摆脱传统的师资管理模式的束缚。要改变这种状况，可借鉴新西兰理工学院的经验，从教师选拔、培养、聘任等方面推进全面改革。逐步改变基础课教师与专业课教师泾渭分明的局面，推动基础课教师的专业化及专业课教师的知识更新进程，做到一专多能。拓宽高等职业教育师资来源渠道，实行开放式教师培养体制，挑选愿意担当职教教师的各类学校毕业生到高等职业教育师资培训基地接受1～2年的教育实习和技能训练，通过教师资格考核后到高等职业教育学校任教。开通面向社会招聘高等职业教育专业师资和实习指导教师的渠道，并制定一些优惠政策，吸引社会有关人士报考、应聘。从企业引进一批既有实践经验又有较高学历的人才充实到教师队伍，或为在职年轻教师提供顶岗实践及进修的机会，逐步加强“双师型”教师队伍的建设。这样不仅可以使教学更加贴近实际，而且还会使学校与行业、企业的关系更加密切，有利于学生的就业，一举多得。制定高等职业教育师资培训规划，落实培训措施。建立高等职业教育师资继续教育证书制度，努力促进高等职业教育师资定期参加培训，不断进修提高。[①]

① 参见曾杨：《新西兰高等职业教育特色研究》，西南大学2008年硕士学位论文。

第六章 澳大利亚高等职业教育体系简析

随着社会经济的发展，我国出现了技能技术人才短缺的局面，社会的现实需要促进了我国高等职业教育的发展。但我国高等职业教育由于发展的时间相对较短，在各方面都不是很成熟，因此需要根据自己的实际情况予以优化，而借鉴国外高等职业教育发展的先进经验则是促进高等职业教育发展的一条捷径。澳大利亚的高等职业教育较为发达，在国际化趋势的背景下，通过不断的完善，形成了具有该国特色的高等职业教育体系，在国际上也享有盛誉。本章对澳大利亚高等职业教育体系进行研究，分析其职业教育体系的发展历程、构成及特点，这对于促进我国高等职业教育的健康发展，构建符合我国国情的高等职业教育体系都具有积极的意义。

第一节 澳大利亚高等职业教育的发展历程

体系的建构是一个长期的、动态的过程，需要与社会、经济需求相适应。澳大利亚高等职业教育在国际化趋势的背景下，把握机遇，不断完善，形成了具有该国特色的高等职业教育体系，在国际上也享有盛誉。澳大利亚高等职业教育体系也是在艰难的探索中逐渐形成的，并且仍在不断随着社会的发展而调整改革。

澳大利亚高等职业教育体系隶属于澳大利亚职业教育与培训体系，主要是指在学校教育阶段的中等职业教育之上、高中后的职业教育体系。澳大利亚的职业教育和培训体系可以追溯到 19 世纪末，当时称为“技术教育”。1973 年，

“技术教育”获得了它的新名字——“技术和继续教育”(Technical and Further Education,TAFE)。近年来,人们习惯称其“职业教育和培训”(Vocational Education and Training, VET)。澳大利亚的职业教育与培训是继义务教育以后的一种职业技术教育与培训,主要提供初次就业培训、再就业培训以及提高现有的工作技能等,为行业和企业提供不需要工作适应期的、高技能的劳动力。

一、澳大利亚高等职业教育体系的初建期

20 世纪 50～70 年代,澳大利亚联邦政府的战后重建训练计划首先关注的是职业技术教育而不是大学教育,第二次世界大战后的技术学院空前发展,技术学院是主要实施高等职业技术教育的机构。60 年代初期,为了应对国民经济发展和经济结构变化带来的挑战,以马丁为首的咨询委员会成立,在对高等教育进行充分调查的基础上,提出了在澳大利亚迅速筹建各种形式的高等学院、发展高等职业教育的建议,这成为了调整高等职业教育的开端。澳大利亚联邦政府于 60 年代中期接受了这一建议。据统计,60 年代初,技术学院在校生的总数约为 24 万人;1965 年,在校人数则迅速增加,高达 36.2 万多人。

虽然战后的职业技术教育得到了很大发展,但仍没有专业团队进行指导和评估。1973 年,以著名律师耶·坎甘为主席的技术与继续教育咨询委员会成立,主要负责调查澳大利亚职业教育的需求,并提出未来职业教育发展的建议。该委员会在认真分析了澳大利亚的经济变化之后,于 1974 年 3 月 5 日提交了一份著名的《坎甘报告》。该报告呼吁必须给予澳大利亚的高等职业教育以充分的重视,并且建议澳大利亚联邦政府向各州政府提供 980 万澳元的特殊工作资金。该报告还明确提出把技术教育与继续教育结合到一起,将学历教育与岗位培训结合到一起建立新型的技术和继续教育(TAFE)学院。该报告最终被采纳。随后,技术与继续教育委员会与大学委员会和高等教育学院委员会合并为澳大利亚联邦政府高等教育委员会,下设技术与继续教育委员会,负责调查职业技术与继续教育的发展现状,专门为澳大利亚技术与继续教育的总体发展提出咨询意见。

二、澳大利亚高等职业教育体系的扩展期

20 世纪 70 年代末至 90 年代初,澳大利亚经济形式发生了变化,第三产业继续扩大,但矿业、生产和建筑行业等传统领域持续萎缩。在促进经济振兴和工业重建的过程中,参与培训的人员逐渐增多,培训规模不断地扩大,一些私人培训机构也开始相继出现。80 年代中期以来,TAFE 学院以自身的优势赢得了青睐。在数量上,TAFE 学院远远超过大学和高等教育学院的总和,多达 1000

多所，分布在全国各地，课程灵活，学生入学方便。1981 年 11 月，澳大利亚国家研究中心成立，主要通过研究开发国家主干专业，促进专业内容的标准化，同时降低专业开发成本。该中心还开发了收集全国范围内 TAFE 统计数据的系统。1984 年研究编制出新的 TAFE 证书命名模式，这标志着澳大利亚国家 TAFE 系统结构和理念有了新的进展。

1989 年 4 月，澳大利亚就职业培训问题召开了各州、区部长级会议，拟定了国家培训改革议案，达成了改革的共识。根据这次会议要求，成立了国家培训部(National Training Board，NTB)。主要成员是由联邦政府、各州和区政府负责职教工作的部长组成，不仅负责指导各能力标准委员会能力标准的开发，而且还拥有对能力标准的最终审批权。除此之外，该中心还负责在全国推行、实施这些国家能力标准。

三、澳大利亚高等职业教育体系的完备期

20 世纪 90 年代以来，澳大利亚高等职业教育体系逐渐完备。1990 年，Finn 报告发表。该报告提出了所有接受义务后教育和培训的年轻人的 6 项关键能力，指的是语言和交流能力、数学能力、科学和技术理解力、文化理解力、解决问题能力、个人和他人之间交流的能力，进一步清晰完善了能力本位的高等职业教育体系基础。该报告还建议在 10 年教育后，为学生提供全日制 2 年的学校或 TAFE 职业教育，或部分时间制 3 年的职业教育，并在各州推行学分转换和衔接，更好地保障学生升学和就业的自由选择权益。

1991 年，Carmichael 报告发表。该报告建议建立能力本位的澳大利亚职业证书体系，建立灵活的、衔接的培训通道。该报告指出，在未来不断变化的工作情境中，职业岗位需要的是多工种的复合能力和参与计划和决策的能力，将不再局限于某一特定职业岗位所需要的专业技能。该报告建议进一步提供终身教育的途径，灵活地开展高等职业教育与培训，改变陈旧的高等职业教育模式。1992 年 9 月，澳大利亚培训课程委员会为了将能力的培养落实到教学中，制定了关于开发培训课程的方案，指明了高等职业教育体系的核心就是职业能力的培养，并对关键能力进行了诠释。这些对高等职业教育体系的构建和完善起到了积极的影响。①

1994 年，经过联邦政府和各州间的讨论、协商，国家培训局(Australian National Training Authority，ANTA)正式成立，奠定了政府和行业在职业教育与培训工作中的合作基础。国家培训局逐渐成为澳大利亚整个职业教育与培训体系的核心机构。

---

① 参见罗航燕：《澳大利亚高等职业教育体系研究》，华中师范大学 2011 年硕士学位论文。

它的主要职责是根据所预测的未来劳动力市场需求变化，起草澳大利亚职业教育与培训的战略规划，并与各州政府职业教育和培训机构一起共同开发洲际计划，推行澳大利亚职业教育与培训的有关政策，并不断改善和完善国家的职业教育与培训体系。除此之外，它每年还提供内容翔实的年度报告，并管理和分配联邦政府用于发展职业教育与培训的经费等。此外，各州均设有职业教育委员会和培训局，配合国家培训局开展工作。

经过近 40 年的探索，澳大利亚确立了较完善的高等职业教育国家培训体系和组织机构，充分体现了终身教育思想。如今，澳大利亚的高等职业教育体系仍在不断随着社会经济的发展而调整、改革和完善。

第二节　澳大利亚高等职业教育体系构成和基础

澳大利亚的高等职业教育体系是在国家培训框架（National Training Framework，NTF）下进行的，以全国统一的澳大利亚资格框架（Australian Qualifications Framework，AQF）为衔接纽带，以培训包（Training Package，TP）为基本内容，以严格完善的澳大利亚质量培训框架（Australia Quality Training Framework，AQTF）为保障体系，以灵活多样的 TAFE 学院为主体的教育培训机构，以能力本位（Competency-Based Training，CBT）的教学和能力评价体系为基础的、多层次的教育体系。

一、全国统一的澳大利亚资格框架

澳大利亚教育系统总体上可以概括为三大部分：学校、职业教育与培训以及高等教育。澳大利亚的教育体制大致承袭英国的系统，包括 10 年义务教育（小学 6 年，初中 4 年和高中 2 年）。澳大利亚学生在读完 12 年级后，有一个学生结业评定，这些评定过程虽然因州而异，但大都是根据学校内的测验成绩或校内连续考核，再加上最后一年的统考成绩组合决定的。12 年级毕业后，学生可以选择以下两种教育方式：第一，接受以实务课程为主的职业教育与培训（VET），培训机构以技术与继续教育学院（TAFE）为主；第二，接受具有学术理论性质的大学课程。澳大利亚的职业教育和培训的入学率近十年来都在飞速发展。1992 年，只有超过 100 万澳大利亚人参加职业教育和培训；2002 年，增加到近 170 万人参加。据统计，其中超过 1/8 的处于工作年龄的澳洲人参加了职业教育和培训，3/4 的人在 TAFE 机构学习，其他职业教育和培训学校也有惊人的增长；约 40％的 11 年级和 12 年级学生参加了职业教育和培训。数据还显示，1992～2002 年职业教育与培训机构的学生增加了 62%，而且还在持续升温。正如在《构建我们的未来——2004～2010 年国家职业教有与培训策略》中提出的，澳大利亚通过职业教育与培训来促进社会、经济、文化的持续发展。综观澳大利亚的职业教育和培训入学率的飞速发展，很大程度得益于全国统一的澳大利亚资格框架。①

从澳大利亚资格框架里我们可以看到，职业教育与培训在整个澳大利亚教育系统当中，担任着沟通的中心作用。这种有效的沟通模式为澳大利亚高等职业教育的发展拓宽了道路，在保证了其高等职业教育学生入学的质量的同时，也使得职业教育的毕业生得到较宽广的就业和升学空间。澳大利亚资格框架首先从学历资格上规定了初等与中等教育、职业教育与培训、高等教育的分立与贯通。其次，它使各教育系统在资格框架内相互承认与衔接，为它们之间的资历确认、学分转换以及学生在不同教育系统之间的转学或继续深造提供了权威性的保障条件，使澳大利亚教育形成了一个以职业教育与培训为核心的、完整的终身教育体系。受教育者可以依据自己的兴趣和条件灵活地选择自己的教育培训方式。

澳大利亚的资格框架不同的层级设计，允许人们稳定地从一种资格逐步上升到另一种层级更高的资格，有助于职业生涯的发展。这种方式将普通教育、职业教育与高等教育证书纳入同一体系，增加了职业教育的灵活性，有利于职业教育高效开展。因为获取的方式非常灵活，学生可以依据自己的时间安排模块的学习时间。在证书学习过程中，还能够对工作和学习经历进行认定，如学分转换、对现有能力的认可机制等，这有助于人们接受不同的教育以及在教育部门与劳动力市场之间更灵活地流动。澳大利亚联邦政府通过建立国家职业资格框架，规范就业市场，规定在各个行业中必须持有职业证书、文凭才能就业。即使是大学本科以上的毕业生也必须先取得相应证书或文凭，才能在相应的岗位就业。

还可以看出，高等职业教育与普通高等教育之间的交集越来越大。尽管现在比重还不大，高等职业教育的层次已经开始扩展到研究生教育层次。而从国际比较的角度来看，高等职业教育与普通高等教育的沟通也越来越密切。

二、国家统一开发的教育培训包

澳大利亚教育培训包是 20 世纪 90 年代引入、实行和推广的，现已成为澳大利亚以行业为主导的国家培训框架的重点。第一个培训包是在 1997 年得到

① 参见赵侠：《澳大利亚资格框架体系研究》，西南大学 2014 年硕士学位论文。

批准的，到2001年培训包已逐步取代了全国性的培训课程，为澳大利亚职业教育和培训项目提供了最基本的内容。培训包的开发主要由澳大利亚国家培训局提供资助，由行业技能委员会负责开发并审查培训包，以满足不同行业或特殊行业各自的培训需求。目前，澳大利亚共有11个行业技能委员会，其成员主要由联邦、州和地区政府负责职业教育与培训事务的官员和行业、工会代表组成。主要职责包括调查对各岗位职业能力的需求，推进职业教育与培训产品与服务的发展，并为企业提供职业能力与技能培训建议等。行业技能委员会在完成培训包开发之后，需提交国家培训质量委员会（National Training Quality Council，NTQC）进行质量认证；认定合格后，则可录入国家培训服务信息中。国家培训质量委员会还专门开发了一套严格的培训包认证程序，以确保所有的培训包都能高质量地达到要求。原则上培训包每3年要进行重新修订，整个开发与实施是一个动态的调整过程。迄今为止，澳大利亚先后共开发了250多个国家认定的培训包，涵盖了100多个专业领域。

培训包主要由两部分组成：一部分是由能力标准、评估指南和资格三项内容组成的国家认证部分；另一部分是由辅助材料组成，辅助材料包括学习方法指导、评估材料、发展材料和学习资源。培训包以统一的评估标准，从职业能力的认定到相应资格证书的颁发，都作了详细的规定，规范到了职业教育与培训具体实施的每个步骤。以下是培训包的内容结构：

（一）能力标准

能力主要指的是专业知识和技能，是指现阶段和将来企业中能实际运用的知识和技能。标准诠释了完成职业工作所需要的技能、知识和工作态度的行业标准，成为了职业技术课程开发的主要依据，也是进行全面、有效的能力评估的基础。标准强调了专业知识、技能在工作中的运用。

（二）评估指南

评估指南由评估体系概览、设计评估材料、评估者的素质要求、实施评估和评估的信息资源五个组成部分。它主要诠释了能力标准和评估条件之间的关系，通过收集数据，来确认学员是否能够符合培训包能力标准中所描述的操作能力。此外，它还规定了培训者以及评估者所需要的资格和经历。

（三）国家资格框架

将能力单元整合成一个能力组群，并依据资格框架将该能力组群进行严格的界定。资格认证时，主要根据学员已经掌握的一系列的能力，包括工作现场的技能运用和必需的专业知识来颁发相应的资格证书。职业教育部门中主要颁发的资格证书有：证书Ⅰ、证书Ⅱ、证书Ⅲ、证书Ⅳ、文凭、高级文凭、研究生证书、研究生文凭。

（四）辅助材料

学习方法指导部分是为如何组织培训项目提供相关的教学信息，包括课程以及在生产工作过程中开展培训的示范案例等内容；评估材料是以评估指南为基础的辅助工具，主要是为评估者提供是否达到能力标准的相关信息；发展材料是提供开发和实施培训项目的信息和资源，这些信息和资源包括怎样使用培训包、如何开发对培训者和评估者的培训课程等。培训包在将行业技能需求和职业教育与培训的目标相结合的同时，又将能力标准和职业资格联系起来，规定了学生达到能力标准所需的最低考核要求。

公平原则也被贯穿到培训包的开发当中，特别是在评估残疾人、非以英语为母语人群、土著澳大利亚人以及乡村和边远地区的学习者时，都要适当调整评估程序，但必须是建立在公平有效的原则基础之上。2003 年下半年起，行业技能委员会成立，取代了国家行业培训咨询委员会及相关机构的职能，承担了培训包的开发工作。联邦、州及地方在各主要工商行业建立行业咨询委员会，通过行业咨询委员会积极地参与制定和更新培训包内容，并监督培训包的实施。培训包开发一般来说分为四步：第一，由行业技能委员会决定培训包开发的先后次序；第二，行业技能委员会将为相关行业或行业部门开发培训包；第三，由行业包括一些权威行业实体如州或地方培训局确认所开发的培训包的能力要素并进行审查；第四，提交给澳大利亚国家培训总局，联邦、州及各地方联合对其进行最终评估。培训包是职业教育课程开发的依据所在，它的开始实施过程紧密地将政府、行业与学校联系在一起。[①]

三、严格完善的澳大利亚质量培训框架

1998 年开始运行的澳大利亚认可框架（Australian Recognition Framework，ARF）在 2001 年作了彻底的修订，更名为“澳大利亚质量培训框架”，主要对注册培训机构（Registered Training Organizations，RTO）的办学质量监控指标进行量化。同年 6 月，ATQF 得到国家培训局的批准，于 2002 年 7 月 1 日开始全面实施。ATQF 运行后便成为了澳大利亚职业教育体系核心组成部分之一，与培训包和资格框架一起，从培训计划、培训内容、资格认证到培训质量保障，形成了本世纪之初澳大利亚的职业教育与培训体系。澳大利亚质量培训框架主要有两套质量标准。

一是 RTO 的标准。任何教育与培训机构，无论是公立的还是私立的，必须符合该规定的 12 条标准，才可从事职业教育培训和进行相应的技能鉴定工作，

① 参见凌海波：《澳大利亚职业教育与培训：体系构成及经验做法和启示》，载《继续教育研究》2014 年第 9 期。

颁发全国统一的职业资格证书。RTO 的注册期限为 5 年,以下 12 条标准说明了其应当其备的办学条件和办学能力:

1.建立一套完善优质的职业教育、培训与评估系统。

2.遵从联邦政府和各州政府的职业教育法规。

3.建立高效的财务管理制度。

4.建立高效的行政和档案管理制度。

5.认可其他 RTO 颁发的资格,建立良好的合作关系。

6.树立教育服务意识,热情周到地为一切教育对象服务。

7.配备合格的教师和教学管理人员。

8.开展规范统一的技能鉴定工作。

9.教学方式与技能鉴定均体现以学生为中心、以需求为导向,遵守要求。

10.颁发符合澳大利亚资格框架的资格证书,并对学员的前期学习及现有能力予以认可。

11.使用全国和各州的统一培训标识。

12.合理开展培训和技能鉴定等服务宣传活动。

二是各州注册/课程认证机构(Registering/Course Accrediting Bodies, R/CAB)的标准。这类标准主要规定了对各州 R/CAB 行政职能的具体要求。各州 R/CAB 负责受理 RTO 的注册及其培训课程的认证,AQTF 规定任何一个 RTO 都必须事先注册,只有在 R/CAB 登记注册了的 RTO 才能合法地从事职业教育与培训、技能鉴定和相应的资格认证。登记注册后 RTO 的办学资质全国认可。在这样一种办学资格受到严格控制、办学质量标准统一的职业教育体制下,各州相互承认办学资质,RTO 可以不需要在异地重新注册,即可跨州开展培训活动。这样一来,学生在任何一个 RTO 取得的职业资格可以全国通用,大大拓宽了学生的就业前景。[①]

同时,对学生现有能力的认证(Recognition of Prior Learning, RPL)也是 AQTF 的重要组成部分,RPL 机制指的是学生不论是通过何种方式习得的知识和技能,均可以在入学时就通过相关的考核和评估,对先前所学进行认定后折算成学分,相应地减免部分学分。这样学生可以不用重复学习已经掌握的知识或技能,在时间上和经济上大大地节约了学习成本。AQTF 对此提出了非常明确的实施要求,并要求所有 RTO 共同遵循。此外,对于需要进一步深造的学生(包括进入其他 RTO 获得更高等级的资格证书或者升入普通高等教育系统获得更高学历),其先前所得学分都可以在不同的 RTO 和普通高等教育机构得

① 参见王彬:《澳大利亚职业教育培训包研究》,西南大学 2012 年硕士学位论文。

到相应的转换和认可。这些举措为学生的可持续发展提供了灵活的空间。

澳大利亚职业教育与培训的质量保障体系于2002年实施，在2005年内容稍有改动，但这两个版本因为只重视行政过程和投入方面而受到批评。针对这个情况，于2007年对质量保障体系再次进行了修改，将风险管理的概念运用到教自评估质量当中，引进了更加精简的、以结果为基础的审计。这样一来，允许各RTO运用更加各自灵活的方式达到要求的质量结果。2007年版的AQTF包含三个部分：第一个部分是登记参加职业教育培训机构的标准；第二部分是全国和地区注册登记机构的标准；第三部分是为了培训机构进一步主动提高其培训质量，获得认可而推行的优秀标准。

RTO标准现包括三个基本标准、三个质量性能指标和九个注册条件。三个基本标准是关于RTO培训和评估的，要求其在客户服务和管理系统方面做到：

1.建立高质量的培训和评估系统。

2.坚持公平公正的原则，充分保证客户权益。

3.建立满足客户、员工和股东的需求的管理体制。

三个质量性能指标旨在帮助RTO不断提高其培训和评估质量，并帮助登记机构监察RTO的工作质量，包括：

1.雇主满意度，这一指标主要针对雇主对学生能力发展以及学生培训和评估的整体素质的评价。

2.学习满意度，本指标侧重于学习者的参与和能力发展。

3.能力完成率，这是主要通过考核当年入学率和培训单元、模块、证书完成情况获得。

九个注册条件包括管理、与其他RTO之间的相互沟通、守法、保险、财务管理、颁发证书资格，认可其他RTO证书、广告营销、延期和转换认可课程等九个方面。

总结分析2007年版AQTF，主要有以下几个特点：一是注重结果。与之前的版本相比，从更注重投入，转移到更注重产出。这样一来，增加了培训机构操作的灵活性和特色。二是加强了一致性和统一性。不管在哪里进行培训，都能取得同样的技能和资格。全国机构通力合作，保障一致性。三是简化了相关标准，三个基本标准明了突出。四是公开透明，注册机构使用的国家指南和手册，在所有各州和地区很容易可通过对国家培训网站获得，信息公开透明。

2009年12月，澳大利亚政府委员会提出在可行性和费用保障条件这两方面加强澳大利亚质量保障体系，来保护全体澳大利亚职业教育系统中学生的利益。这些改变融合到了首次注册和持续注册的基本标准中。澳大利亚政府委员会宣布通过立法来建立监督机构。国家的监督机构主要负责注册培训机构的统计和课程认证，同时成立一个国家标准的委员会。此举在2011年4月开始进行。为此，澳大利亚联邦政府在2010～2011年的预算中专门为此提供了经费。

四、以灵活多样的TAFE学院为主体的教育培训机构

澳大利亚高等职业教育培训实施机构主要包括TAFE学院、私立教育机构、成人和社区教育机构和某些大学等。其中以TAFE学院的规模和影响最大。在组织体系及运行机制上，TAFE学院基本可以代表澳大利亚高等职业教育培训机构。在三级教育中，职业教育所占比重很大，而TAFE学院是澳大利亚职业教育的主力，不仅设立在澳大利亚主要大城市及各州首府，而且还分布于各郊区城镇和乡村地区。

TAFE学院由澳大利亚各州政府负责管理，是澳大利亚主要的公立高等职业教育培训机构。它有两种主要形式：一种是独立设置的学院，另一种就是在大学内设的学院。在TAFE学院的在校生中，全日制学生约占30%，非全日制学生约占70%。其中，非全日制学生中90%以上都是从业人员。其生源主要来自中学的11～13年级，也有的转学自成人与社区教育机构。根据2008年数据统计，近172万学生在公立职业学院学习，有近70%的中学毕业生进入公立职业学院学习。TAFE学院的职业教育和培训种类繁多，培训高级技师、技师及操作员等不同层次的学员。TAFE学院颁发的证书文凭包括普通证书、文凭、高级文凭、职业研究生证书和职业研究生文凭，这其中还是以文凭、高级文凭为主，只有极少数提供研究生证书与研究生文凭。虽然TAFE学院归属于各州行政体系，但是所有文凭资格都可以在全国范围内互通与承认。TAFE学院的课程科系多且广，从短期的几天、几个月到长达3年的全日制课程都有，教学方式以课堂上课和实习为主。大部分课程采用大学的上课方式，课程的评分以作业、课堂讨论、实习和考试为基本依据。普通证书通常是短期的训练课程，主要是针对在职人员的在职进修或想进入文凭课程的学生。申请文凭课程的学生需要至少完成相当于澳大利亚12年级的学校教育，但不仅是刚跨出校门的12年级毕业生可以申请，而且其他满足条件的成人也可以。学生的工作经验、学习动机等，也都是入学申请者的评估条件之一。

为了确保提供最切合实际的训练与最新的专业信息，TAFE学院的很多课程都是与工业团体共同开办的。各个职业教育办学机构主要依据能力标准设计和开设课程，并大都设有从事课程设计与开发的中心。这些中心为了将课程理论与教学实践有效地结合起来，主要由教学骨干和地区行业的专家组成。

TAFE学院的教师大多从有实践经验的专业技术人员中招聘，要求有3～5年相关行业专业工作的经验。此外，为了适应社会的需要，要求教师每年利用公假进修来提高自己专业技能水平，而且学院还定期安排教师进企业培训。TAFE学院教师培训要求所有教师必须参加，特别侧重的是新教师的培训及教学效果不佳的教师的再度培训。培训主要由8个能力模块组成，分别为教学设计能力模块、课堂授课与促进学习能力模块、语言和数理表达能力模块、考评或鉴定能力模块、教学环境协调能力模块、培训咨询服务能力模块、管理与质量服务能力模块和其他通用能力模块。同时，为了确保学院教师的教学不脱离企业实际，专业技能培训主要以聘请企业专家讲课和安排教师去企业进行技术实践为主要方式，资金来源于州政府资助和企业赞助。TAFE学院的师资队伍以兼职教师为主，专职教师约占教师总数的1/3，兼职教师约为2/3。来源于各行业一线的兼职教师将企业的最新技术和技能及时传授给了学生，使学生掌握最新的技术或技能，保障了学习内容与社会实践同步。概括地讲，一名TAFE学院的教师应掌握教学所需的相关专业知识，并熟知如何针对学生需求进行施教的方法，还要根据课程需求组织材料、编写教材并进行教学评估。除此之外，教师还需要不断提高自身教学和专业水平，遵守行业道德规范。

TAFE学院使高等职业技术教育与普通高等教育和中等教育相互贯通，课程设置也彼此衔接。学生可从高中二、三年级直接进入机构学习，进行高等职业教育培训。另外，学生在TAFE学院取得高等职业教育文凭后，如果想继续深造，可以转入普通大学的相应年级，之前所得学分可以转换或减免部分学分，通常各TAFE院校和一些大学有部分课程的学分抵免的合作关系。由此看来，高等职业教育的学生在学习到一技之长的同时，也为以后到大学继续深造打下了基础。①

五、能力本位的教学和评价体系

澳大利亚以能力本位理念为基础的教学和评价体系，使得澳大利亚高等职业教育体系各个方面都体现出职业技术教育的显著特征。澳大利亚在全国大力推行国家能力标准框架，该标准就是对所涉及的知识和技能及其应用所作的操作说明。首先通过在各主要工商行业建立行业咨询委员会，再由咨询委员会提交的各个行业的职业能力标准，最后由国家确认推行。随着市场需求变化，各个行业的能力标准也在不断修订和完善。能力本位的教学评价体系作为澳大利亚高等职业教育体系的基础，体现在体系的各个组成部分功能或实施过程

① 参见罗航燕：《澳大利亚高等职业教育体系研究》，华中师范大学2011年硕士学位论文。

中。以下将从体系的四个核心组成部分，来具体分析其基础作用。

（一）贯穿澳大利亚资格框架的能力本位理念

职业能力是获得职业资格的条件，澳大利亚资格框架包括15种资格证书，其中关于职业教育有8种，分别为证书I、证书II、证书III、证书IV、文凭、高级文凭，研究生证书、研究生文凭。这些职业资格都是按照能力水平差异来划分的，能力标准描述了不同能力水平之间的区别性特征，并提供了一套测试基准，贯穿整个澳大利亚资格框架。框架在具体的实施过程中，将应具备的知识和应掌握的技能进行分解，每一类证书、文凭需要开设多少门课程，需要开设哪些课程，都要根据行业发展需要以及企业团体是供的相关岗位技能要求和标准来确定。

证书I、II的培养目标是半熟练工人和高级操作员，主要是学习医疗、文秘、商业、工艺设计、家政、旅游等方面的实用知识技能，其工作责任是有限的。

证书III、IV是实用知识技能的提高阶段，其培养目标是熟练工人和高级熟练工人，证书IV则相应增加了部分管理职责。每级证书课程一般需要学习一年左右．从教育层次上来看，证书I、II、III、IV属于初、中等职业技术教育，文凭、高级文凭、研究生证书、研究生文凭属于高等职业技术教育。文凭和高级文凭要求具备一定的技术分析和设计能力，还有解决实际问题的能力，不像证书I、II、III、IV那样强调实际操作性，其培养目标是辅助技工和辅助管理人员。大多数文凭证书和高级文凭证书课程的学习期限为两年。这几个等级证书呈现出梯度性的结构，职业能力水平从低级向高级发展。

（二）与能力本位体系密不可分的澳大利亚职业教育培训包

能力指的是专业知识和技能，主要是指现阶段和将来企业中能实际运用的知识和技能。以能力标准为核心的培训包将行业技能需求和职业教育与培训的目标相结合，又将能力标准和职业资格联系起来，在为培训机构提供优质的培训教学资源的同时，也提供了测试服务的基本标准，它被广泛地应用职业教育课程开发中，最大限度地满足了行业和企业的需要。能力的培养必须通过课程实施才能得以实现。专业课程必须根据培训包来设计，而培训包则遵循能力本位教育理论。澳大利亚政府建立了一个能力本位系统负责制定职教课程标准，按岗位需求，将岗位应具备的知识和技能进行分解，并组织分模块教学。

（三）以能力本位评价为基础的澳大利亚质量保障体系

如前所述，澳大利亚质量保障体系，主要通过三部分标准来规范和保障澳大利亚职业教育。这三部分标准中都有对培养学生能力的描述。例如：RTO标准中规定培训机构必须开展规范统一的技能鉴定工作，雇主满意度、学习满意度、能力完成率三个质量性能指标都是主要针对学生能力发展进行评估而得到的整体素质的评价。

这些标准都是为了保障学生能力的提高，是建立在对职业能力的分析和评价基础之上的。作为AQF框架的重要组成部分的RPL机制，也是对学生现有能力的认证，注重的是对学生能力的评价，避免学生重复学习已经掌握的知识或技能。不管学生先前所学的知识和技能是通过何种方式得到的，均可以在入学时就通过相关的考核得认定并折算成学分，这样从时间上和经济上，节约了学习成本，这为学生能力的可持续发展提供了灵活的空间。[①]

（四）能力本位教学的教育培训机构

在机构TAFE学院中，课程都是依据能力标准设计和开设的，这其中以能力标准为核心的培训包是其主要参考依据。为了确保提供最切合实际的训练和最新的专业信息，学院与工业团体共同开办了很多课程。除此之外，在学院中的课程研发中心等机构中，也集中了许多地区行业的专家，由他们从事专业课程体系的设计和开发，保证课程理论与教学实践相结合并不断完善。TAFE学院重视培养学生的职业能力，以便毕业后能胜任相关的职业岗位。TAFE学院不仅注重学生能力的培养，而且还特别注重教师能力的发展。因为只有具备相关职业能力的教师才能培养和发展学生的职业能力。

第三节　澳大利亚高等职业教育体系的特点

一、体系的开放性

开放性是澳大利亚高等职业教育体系的显著特征。该特征不仅体现在其体系内部，而且还体现在其对社会和各行业的灵活开放上。高等职业教育体系不仅吸纳社会各行业的建议，而且还开发了长效的反馈和监督机制。

（一）对教育体系内部的开放性

澳大利亚的教育体系由中小学教育、高等职业教育和大学教育三个体系组成。高等职业教育体系联结着中小学教育和大学教育体系，并与成人和社区教育也有着紧密的联系。因此，它在教育体系内部是呈开放性的。

首先，高等职业教育既接收应届12年级的高中毕业生，也接纳高中毕业生后已就业1～2年的社会青年，同时也对全社会的在职和非在职人员开放，提供短期或2～3年不等的高等职业技术教育。其次，越来越多的普通大学毕业生也可以进入高等职业教育机构学习，以获得相应的高等职业技术等级证书。最

① 参见梁鹤：《现代职业教育体系视域下澳大利亚资格框架制度研究》，陕西师范大学2016年博士学位论文。

后，高等职业院校毕业生获得文凭证书后，可以通过学分转换的办法进入普通大学深造。

（二）学习方式的开放性

相比其他教育体系，澳大利亚高等职业教育体系内的学生在学历层次、年龄跨度上都有较大差异，澳大利亚高等职业教育可以说是“有教无类”。不管属于哪个年龄层次、工作情况如何，都可以根据自己的实际情况，比如工作地点、工作时间或其他生活情况等来选择全日制、半日制教育，还可以选择函授和远程教育。高等职业教育的学习方式灵活多样，学习的地点可以选择在学校，也可以选择在工作场所或在家里。只要积累到一定的学分，通过评估后就可以获得相应的证书和文凭。

（三）对社会的开放性

从宏观的政策制定，到微观的学校管理和课程开发，澳大利亚高等职业教育的各个环节都积极吸纳社会各界的意见，而且特别重视与行业和企业的合作。例如，在澳大利亚质量保障体系当中，就特别重视社会意见，还有专门针对雇主满意度进行评价的标准，在培训包开发的过程中，也积极采纳行业的意见，设置更符合社会发展的职业课程；TAFE学院接受企业的赞助并吸收企业法人代表参加董事会，使其直接参与学校的管理；学院各院系也定期或不定期地聘请企业代表参与指导教学，或建设实习基地等。澳大利亚政府从鼓励竞争入手，开放高等职业教育市场，充分发挥社会和各行各业开展职业培训的积极性。只要经过国家培训局认可，并登记注册，任何机构、企业和个人办学，政府都会给予经费支持。

二、行业的高度参与性

行业的积极参与是澳大利亚高等职业教育的特色，在各个环节当中都有体现，它也是使澳大利亚高等职业教育持续保持活力的源泉。

（一）参与课程开发

培训包的制定是由行业的专业人员、政府部门和教育机构的专家共同完成的，行业通过积极参与能力标准的制定，将行业特点和职业需求融合到课程开发当中。在参与人员比例上，行业的专业人员占到总人数的1/3左右，而且这一比例在逐渐上升。由行业专业人员组成的行业技能委员会是培训包开发的关键，它承担了培训包开发的主要工作。这些来自各行业的专家们熟悉本行业的特点，清楚行业未来的发展趋势，由这样一个专业性及行业性非常强的组织来开发培训包，各方的认可度都比较高，而且可操作性强。通过行业的参与来制定和不断更新培训包内容，也是澳大利亚高等职业教育得以成功的保证。

研发人员在根据培训包对高等职业教育课程进行研发设计时，也注重结合行业的技能需求和发展现状，通过咨询相关行业人士，了解未来员工应具备的能力要素，确保教学真正符合行业需要。澳大利亚相关行业组织还经常协助政府提供最新的相关岗位需求与近期就业信息，这些最新的岗位能力资讯和需求都是职业院系专业设置的重要依据，并帮助学习者依据自身能力特点来选择适合自己的专业方向。这项工作已经成为了行业组织的一项重要使命。由于各职业教育院校的许多组织机构都有来自各行业的代表，所以行业在职业教育的课程开发和教学内容上有很大的主动权。特别是在引入能力标准后，由行业先确定需要何种技能，并制定关键能力标准。这样一来，课程和教学内容都体现出了行业的相关要求。

（二）参与机构的管理与决策

澳大利亚在全国大力推行能力标准框架，而该国家能力标准就是由行业咨询委员会提交，再由国家确认推行，并随市场需求变化而不断修订的。行业参与了资格框架、认证框架等工作领域的决策与管理。建立在行业的需求基础之上，并以行业的需求为导向的资格框架通过整合不同层级各行业所需的能力单元，与不同等级的证书相对应，有较强的行业针对性。

在参与办学方面，行业热情很高，政府也积极支持，私立的高等职业教育机构大都有行业和企业参与。即使是在公立的 TAFE 学院中，也有行业的人员为机构的发展提供建议和咨询。公立的学院均设有董事会，董事会的大部分成员来自企业一线的资深行业专家，通常每季度开一次会，主要是对学院的办学规模、基建计划、教育产品开发、经费筹措等进行研究和作出决策。此外，新职员的招聘过程也必须有来自企业的人员参与决策。

（三）教学过程的参与

为培养出掌握先进技术的人才，行业积极参与学校的实践教学工作，通过帮助学校建设实训基地，将先进的生产设备提供给学院使用，并负责不断更新。此外，企业还接待学生实习，支持学校建立起全国范围的模拟实训公司网络。目前，澳大利亚国内已建有近 100 家由各行业资助的模拟实训公司，并与国际上 3000 多个著名的跨国模拟实训公司联网。

根据学院教职工进修惯例，学院教师每学年有两周到企业工作学习，确保学院教师的教学不脱离企业实际。此外，学院也邀请行业的高水平专家定期或不定期地到学校进行专题技术讲座。为了让学生掌握最新的职业技术信息，行业鼓励兼职教师到学校讲课，直接参与学校的教学工作。选聘兼职教师的一般要求具有 3 年以上的专业工作实践经验，具有相关的专业技术资格，还要有较强的操作能力，对于 35 岁以上的专业技术人员给予优先考虑。目前，兼职职业教育师资在澳大利亚职业教育师资队伍中所占比重远远大于专职高等职业教育师资。

(四)参与人才质量评估

行业参与人才质量评估,主要通过国家和州的行业培训顾问委员会来进行。委员会每年都会对TAFE学院的人才培养质量进行定期评估。此外,企业也会直接参与到职业技术教育当中来。2005年职业教育与培训中雇主参与度的调查数据显示,57%的雇主以多种形式参与了职业教育,53%的雇主还经常对员工进行相关的培训,培训花费金额高达40亿澳元左右。

为了保障人才培养质量,澳大利亚政府还定期进行行业雇主对高职教育和培训满意程度的调查,企业对于调查则积极响应。1999～2000年的雇主调查结果显示,83%的雇主对TAFE总体上表示满意,74%的雇主认为雇员素质的改善和生产力的提高体现了培训的价值。

三、广泛的衔接机制

澳大利亚高等职业教育体系具有统一的证书制度和标准的培训包课程模块,使高等职业教育与普通教育、高等教育相沟通,呈现出上下延伸的态势,并与成人和社区教育相结合,提高了澳大利亚国民的整体素质和技能水平。通过与行业、企业的合作,正规的学校教育结合非正规的培训,充分体现了终身教育的思想。这些广泛的衔接机制搭建了一个澳大利亚高等职业教育的"立交桥"。

(一)与中小学教育和中等高等职业教育的衔接

高等职业教育机构招收完成10年或12年教育的学生,为了加强与普通中小学教育的衔接,澳大利亚在普通高中开设相应的职业课程,学生可以自由地选择相应的高等职业教育课程。毕业后,在高中教育阶段取得的高等职业教育课程的学分,可以得到高等职业教育机构的承认,可以直接学习后续的课程模块,节约了学习成本。

澳大利亚中等高等职业教育和高等职业教育的衔接则非常紧密,在澳大利亚资格框架中,高等职业教育的前四个证书被认为是中等职业教育内容,而其余则属于高等职业教育范围。除了通过全国统一的资格框架衔接外,TAFE学院也承担了部分中等职业教育的内容,TAFE学院还提供针对相关证书的学习,保障了高等职业教育内容的连贯性和一致性。

(二)与普通高等教育、成人教育的沟通

澳大利亚高等职业教育与普通高等教育之间是一个双向沟通的模式。首先,学生从高等职业教育机构毕业后,可以进入大学学习,其在高等职业教育机构学习的相关专业课程学分可以通过学分转换,得到全部或部分承认。其次,高等职业教育机构也接纳普通高校的学生，这是为了提高普通高校学生的技能水平，从而更好地就业。最后，不少普通大学都设置了职业教育部，也承担了部分高等职业教育的职能，还有部分高等职业教育机构开始与普通大学合作提供普通大学学历教育。2008 年相关数据显示，普通高校学生占了高等职业教育总招生的 5.2%，而在高等职业教育流向普通大学的毕业生中，22%的学生获得了 1 年或 1 年半的学分减免。这种双向的沟通模式，拓宽了学生的就业和升学途径，有利于学生知识和能力的自由发展。

高等职业教育机构既招收完成 10 年或 12 年教育的学生，也招收在职从业人员，招收后者的比例一般在 70%左右。在年龄层次和招生比例上，澳大利亚高等职业教育灵活多样。澳大利亚高等职业教育不仅承担了部分成人教育的内容，而且因为高等职业教育机构主要由地方州政府负责，所以还承担了部分社区教育的内容。拥有如此灵活多样的教育方式的澳大利亚高等职业教育与成人、社区教育的关系非常密切。①

（三）正规的学校教育结合非正规的培训

澳大利亚高等职业教育形式多样，正规的学校教育与非正规的培训相结合，不仅重视就业前的教育，而且还关注就业后的教育。正规的学校教育主要由公立的 TAFE 学院来进行；非正规的培训则形式多样，有由企业直接提供的，也有由行业组织开展的，还有由 TAFE 学院和企业通过联合办学提供的。多种形式的结合有利于学生自由选择和随时提高知识和技能，更好地服务社会。它也使澳大利亚高等职业教育覆盖了大部分的地区和人群，呈现出生机勃勃的发展趋势。

第四节　澳大利亚高等职业教育对我国的启示

当前，在经济全球化的背景下，我国产业结构类型正逐步从粗放型增长向集约型增长转变，第一产业的比重正稳步降低，第二、第三产业的比重逐步上升。在我国现阶段推行的城镇化建设过程中，大量的农村人口也正逐步转向本地的第二、第三产业。提高我国劳动者的职业能力和职业素质，培养具有较高综合素质和较强就业能力的新型产业工人，已成为当务之急。我国的高等职业教育体系也面临着许多挑战，通过对比澳大利亚高等职业教育体系，结合我国高等职业教育发展实际，笔者提出了以下几方面的建议，希望能打开建构我国特色高等职业教育体系的思路。

---

① 参见柯俊：《当代澳大利亚成人和社区教育课程研究》，浙江大学 2017 年硕士学位论文。

一、正确定位高等职业教育

高职教育的定位就是要明确其在高等教育体系中的位置。从澳大利亚高等职业教育体系中，我们可以清晰地发现：高等职业教育体系是有别于普通高等教育体系的，它包含不同层次的教育，但并非低层次、低水平的高等教育，更非专科的一种变形。它是以能力本位为基础，培养应用型人才的高等教育。高等职业教育覆盖了澳大利亚的大部分地区，为广大民众提供了就近学习技能和知识的可能，被企业和社会认可和接受。这些对我国高等职业教育体系的构建有积极的借鉴作用。高等职业教育的主要任务则是培养应用型人才，将科学技术转化为生产力。它与普通高等教育同属于高等教育范畴，只有类型上的差别，而无层次上的高低。高等职业院校学生与普通高校学生相比，并没有智力和地位的高低之分，所学的侧重点不同：高职院校的学生侧重于技术应用，普通高校学生则侧重于理论研究。高等职业技术教育和普通高校教育也只因在培养目标上有差异，才拥有各自不同的人才培养方法、内容和途径。

要提高我国高等职业教育的地位，还需要进一步加强各级政府对高职的重视与投入。首先，各级政府应根据当地人口及经济发展情况搞好本地区高等职业教育规划。发达地区可以有序地提高高等职业教育人才培养层次，更好地为本地区发展服务；偏远地区可以根据当地的地理环境和经济结构，分阶段进行高等职业教育，设置各类高等职业教育机构。其次，政府应鼓励行业、企事业组织及其他社会力量积极办学，同时也应对私立高等职业教育机构给予一定的经费资助，并制定统一的标准和规范，加强对学校人才培养质量的评估。同时也需要充分发挥学校办学自主权，有效提高人才培养质量，保障高等职业教育的健康持续发展。

二、增强我国高等职业教育的内外衔接与沟通

目前，我国高等职业教育存在内外衔接机制狭窄的突出问题。首先，我国的教育体制因受早期计划经济的约束和影响，长期以来视中等教育和高职教育为终结性教育，未能很好地为这两类学校的毕业生提供继续升学、接受高层次学历教育的机会，使中职和高职毕业生的升学道路被阻断。现在中等职业教育和高等职业教育之间的通道已经逐步打通，这极大地调动了中职学生的学习积极性。而随着教育改革的深入，应进一步加强高等职业教育与普通高等教育的相互沟通。长期以来，我国的高职教育仅以刚刚毕业的高中阶段学生为招生对象，应适当扩大高等职业教育招生的范围，建立与成人教育和社区教育的沟通和衔接机制。

其次，我国高等职业教育外部沟通机制贫乏，特别是与企业之间缺乏有效的信息沟通，导致职教培养的人才质量不能适应企业的需求。许多高职院校培养都会遇到以下困境：教学内容总跟不上生产、服务第一线所应用的最新技术和工艺；教学设备总落后于企业的最新机器和生产线；学校教师的技能水平得不到有效的提高；与生产一线的技术专家、操作能手相比总有差距……解决这些问题迫切需要加强与企业、行业的合作和沟通。随着科学技术突飞猛进的发展，社会与企业需要储备大量的实用型人才；企业对人才培养工作提出的新要求，必须通过有效的渠道融入到高等职业教育中去。然而，我国的现状是社会与企业对高等职业教育人才培养的实际投入、支持和参与远远不够。我们应该让企业积极地参与进来，同时也应提供相应的激励机制，保障高等职业教育紧跟社会经济发展需要，这样高等职业教育才会有生命力。

从澳大利亚高等职业教育体系的对教育内部和社会的开放性，可以看出其高职教育运用了终身教育的理论方法，把高职学历教育和培训融合在一起，淡化了学历教育与岗位培训之间的界限，并与经济建设、社会发展紧密联系在一起。澳大利亚的高等职业技术教育与普通高等教育是相通的，具备专业技能的毕业生既可直接工作就业，也可进入大学相关专业继续学习。我们应吸取澳大利亚高职的经验，以终身教育理论为指导，扩展高职教育的概念范畴；在坚持培养应用型人才的前提下，把学历教育与非学历教育、全日制与非全日制教育统筹起来考虑；要通过实行课程学分转换等方式，逐步建立起高等职业教育在教育体系内部的衔接机制，以满足多样化的高等职业教育需求为目标；要将高等职业教育办成终身教育的实现途径，逐步树立人们的终身学习的观念。

除了加强高职教育在教育体系内部的沟通和衔接，我们还要看到高等职业教育发展的生命力、驱动力主要来自教育外部，所以与外部的沟通和衔接也尤为重要。具体来说，发展高职教育的动力来自于经济社会发展的需求，来自于产业对劳动者职业技能的要求及变化，来自于产业、企业的参与和支持。高等职业教育的性质决定了行业与高等职业教育之间密不可分的关系。近年来，我国也有相当多的行业组织成立，但这些行业组织都缺乏对教育的参与和管理经验，在参与过程中也缺少统一的规范和标准，因此尚未形成长效的教育管理和监督机制。对行业教育的指导也尚未列入日程。因此，如何尽快发挥行业组织在发展我国高职教育中不可替代的作用，应引起教育行政管理部门的高度重视。政府应尽快制定统一的行业组织规范，与行业组织共同参与到高职教育当中来，并提供途径和渠道充分发挥行业、企业的参与高等职业教育管理与决策的积极性。①

在澳大利亚，企业对高职教育的自觉参与度都非常高。但在我国，企业的参与意识不足，加之还没有形成有效的机制，因此现阶段政府的引导显得尤为重要。首先，可以通过各种媒体手段加强宣传，让企业明白自己在职业培训中充当的重要角色，提高企业参与高等职业教育的意识。其次，可以利用经济手段，对参与高等职业教育的企业给予一定的税收优惠或奖励，提高企业的积极性。最后，要充分发挥行业协会的作用，因为行业超越了个体企业的狭隘利益，同时对本行业所需的技能有较宏观和全面的了解。

三、完善我国高等职业教育课程体系

高等职业教育在我国发展的时间不长，理论基础相对薄弱；实践经验不足，从一开始主要通过模仿普通高等教育的课程体系，类似于简化和压缩了的高等教育。这些不足造成高职教育自身的课程体系建设缓慢，脱离了劳动力市场的实际需求，制约了高等职业教育的进一步发展。

澳大利亚高等职业教育课程体系让第一线技术人员参与行业委员会，确定各行业能力标准，开发培训包，建立职业特色课程体系。在今天的市场经济条件下，这种与传统课程设置相反的、自下而上的课程设置方法，对开发高等职业教育特色课程具有深刻的借鉴和指导意义。澳大利亚通过与行业协会密切合作，以市场需求为导向，灵活设置课程培训包；在培养方式、教学方式、课程安排等诸多方面也很多样化，真正实现了以学生为主的教学定位。同时，澳大利亚许多高等职业教育课程还可以与大学学位课程相衔接，通过学分转换实现学分的减免，为学生学历提升以及在其专业领域的技能发展提供了一个“立交桥式”的教育和培训平台。

我国现行的高等职业教育课程模式，大体上可分为学科中心型、实践中心型和介乎两者之间的探索型模式。现在大家关注和讨论的还有一种新型的校企合作职业教育模式，这种模式的核心是突出能力本位，同时满足学校、企业和人才三方可持续发展的需要。在进行校企合作的课程改革实践中，要发挥企业合作的积极性，将企业的参与落到实处，同时又要保障学校办学的灵活自主性。只要将两方面各自的优势发挥出来，同时加强两者在弱项上的合作，就能取长补短，适应学生多元化和经济发展的需要。应当改革不适应经济社会发展的旧课程体系，构建具有鲜明高等职业教育特色的新课程体系。这项工作涉及众多方面，包括市场人才需求调研、岗位分析、职业资格认证等，这些不是一所高等

① 参见秦峰：《澳大利亚 TAFE 及其对当代中国高等职业技术教育的启示》，南京师范大学 2006 年硕士学位论文。

职业院校就能全部解决好的问题，是一个需要政府、行业、企业、学校的积极合作和探索来共同解决的问题。

四、健全我国高等职业教育的监控机制

我国的高职教育对人才培养的监控和评价，长期以来是以对学生所学知识来衡量的。但是这种单一的评价方式违背了以能力为本的原则，显然是不合适的，必须予以改变。我们应建立以技术应用能力和劳动技能为主体的人才培养质量观，重点考查学生运用知识、技能解决问题的能力，改变过去单一的考评方式和监控模式。

澳大利亚颁布的各类证书与文凭是全国统一的，升学时与学历证书有同等的效力，就业时可作为资格证书使用，受到全国企业、行业的认可。目前，我国虽然已颁布了高等职业教育与培训相关方面的法规，但因宣传不力、执法不严，并未形成严格的就业准入制度。加上我国对职业资格鉴定的监督检查不严，职业资格证书获取过程中缺乏监督机制，导致部分职业资格证书的社会认同度不高。因为没有规范、统一的职业资格证书体系，与学历证书相比，其权威性和统一性都显得不足，企业和社会对证书的认可自然明显低于学历证书。我国高等职业教育的学历由教育部负责，而职业技能等级证书的颁发由劳动和社会保障部负责，再加上其他各部委根据自身需要发放各自行业的岗位培训证书。导致了现有的各类技能等级证书缺乏权威性和通用性。

因此，完善我国的职业资格体系，健全我国高等职业教育监控机制，对于我国高等职业教育的健康发展也具有重要的意义。首先，要统筹全国的职前职后的各级各类高职教育和培训工作。其次，要建立由行业组织并参与管理的职业资格体系，共同制定各行业的人才质量标准。最后，还要建立对高等职业教育人才质量进行监督和评估的长效机制，保障我国高等职业教育的人才培养质量，规范高等职业教育市场，满足经济发展和社会进步的需要。

第七章 我国高等职业教育发展历程与现状

从20世纪80年代初开始，经过30多年的探索和实践，我国高等职业教育实现了跨越式的发展，培养了数以百万计的应用型人才，成为我国当前高等教育不可或缺的一个部分。高等职业教育能如此蓬勃发展，与政策导向和政府的大力扶持是分不开的。高等职业教育研究作为高等职业教育不可缺少的重要部分，伴随着高等职业教育的发展、变迁，研究队伍不断壮大，研究视野更加开阔，研究成果日益显著，研究也逐渐由宏观转入微观、由基础层面的思考转入实践层面的探索。梳理我国高等职业教育发展历程及取得的成就，分析当前高等职业教育可持续发展面临的问题及原因，有针对性地探讨应对策略，对提升教育研究的质量、促进教育研究更好地为高等职业教育服务有较现实的意义。

第一节 我国高等职业教育发展历程

1978年以来，我国从计划经济转向具有中国特色的市场经济模式，在尝试中摸索，取得了前所未有的成就。作为人才培养的重要组成部分，高等职业教育在推进高等教育大众化进程中取得了长足发展，并在促进我国社会经济发展、产业结构优化调整的过程中发挥了重要作用。回顾我国高等职业教育发展历程，大致经历了四个阶段。

一、初创阶段(1980～1985年)

随着高考制度的恢复，改革进程对人才培养提出了新的要求，对技能创新型人才的需求促使我国发达地区提出了创建地方职业大学的设想。例如，江苏省有多所职业学院在20世纪80年代陆续成立，我国现代高等职业教育的发展雏形已经形成。随着经济发展速度日益加快，改革开放不断纵深推进，社会、企业对人才的需求与高技能人才资源匮乏之间的矛盾日渐突出。1985年，《中共中央关于教育体制改革的决定》中明确指出："要积极发展高等职业技术院校，逐步建立起一个从初级到高级、行业配套、机构合理又能与普通教育相互沟通的职业技术教育体系。"同年，高职院校规模扩展至22个省、市、自治区，共建立127所，其中包括短期职业大学、高等职业技术师范院校和高等技术专科学校。

这一阶段高等职业教育发展刚刚起步，对我国高等职业教育发展模式进行了有益的探索。虽然办学规模较小，教学设施不够完备，教学资源尚未到位，办学方式基本采用"短期、收费、走读、自主就业"等方式，但高等职业教育不仅没有止步不前，反而实现了自我发展，逐步走上了正轨。

二、探索阶段（1986～1994年）

1985年，《中共中央关于教育体制改革的决定》中首次提出"逐步建立起一个从初级到高级、行业配套、结构合理又能与普通教育相互沟通的职业技术教育体系"，标志着高等职业教育成为国家教育体系的重要组成部分，高等职业教育开始探索多元化发展的全新模式，其中成人高等教育模式为社会及企业培养了大批高技能人才。1986年，广播电视大学等成人教育院校被划入高等院校范围；1987年，我国开始尝试多渠道开办高等职业院校，并鼓励地方管理干部学院、职工大学等转变观念，拓展校企合作方式与途径。在1993年国务院正式颁布的《中国教育改革和发展纲要》中，明确提出"大力发展高等职业教育，通过推进高等职业教育改革实现我国高等职业教育的发展目标"。

在此阶段，以短期职业大学为代表的高等职业教育多方面探索办学方式和发展模式，并取得了一定成果，对我国高等职业教育发展起到了有效的推动作用。首先，确立了为地方经济建设服务的指导思想，突破了原有的大学两级办学体制，打破了原有的"统包统配"的办学形式，实行全日制与非全日制相结合，学历教育与非学历教育相结合，计划招生与委托培训、办短训班相结合等灵活多样的办学形式。其次，在教学方法和专业设置上采用灵活的形式，探索实施毕业证书与职业资格证书相结合的"双证书"制度，并根据实践教学需要加强校内外实习实训基地建设。再次，加强与产业部门的联合，探寻校企合作之路。最后，加强高等职业教育经验交流与学术探讨，促进开展高等职业教育理论研讨，切实推动我国高等职业教育有序发展。

三、大力发展阶段(1995～2005年)

为促进我国高等职业教育快速发展,自1995年起国家颁布实施了一系列推进高等职业教育发展的纲领和政策,其中包括示范性院校建设工作,通过建设全国示范性院校带动职业大学教育质量及教学水平的提升,促进职业大学健康有序发展。随着1996年《中华人民共和国高等职业教育法》及1998年《中华人民共和国教育法》的颁布和实施,高等职业教育的地位首次从法律角度予以明确,高等职业教育作为高等教育的重要组成部分,在整个职业教育体系中发挥引领作用。

在此期间,高等职业教育得到快速发展。高等职业院校数量、年度招生数量以及在校生数量迅速增长,多样化的办学格局初步形成,社会认可度得到较大提升;教学改革不断深化,工学结合、校企合作、订单式培养、集团化办学的理念被广泛应用于教育教学实践中;高等职业教育随着地区经济和企业经济的发展,经济投入已经有大幅提高,办学条件逐渐朝着职业技能培养的方向改善。一方面,我们可以乐观地看到高等职业院校在学校数量及招生人数上均已接近普通高等院校;另一方面,在规模快速扩张的背后亦存在一系列新问题,如投入力度不及规模扩张的速度、办学定位和办学模式等学科型痕迹较重、部分院校忽视职业教育的区域性特点、依托与服务当地经济和优势产业的特点不明显、师资队伍建设不力、"双师型"教师比例明显偏低、服务社会的能力及可持续发展的能力欠缺等。以上问题的出现对高等职业教育深化内涵和提升质量提出了新的要求。

四、深化内涵阶段(2006年至今)

针对上述阶段高等职业教育发展中出现的问题,教育主管部门全面调整高等职业教育政策,并相继颁布了高等职业教育发展进程中一系列标志性政策。

2006年颁布实施的两个纲领性文件指明了高等职业教育的发展方向:通过校企合作与工学结合,建立"双师型"教学团队,培养经济建设一线所需要的高素质高技能人才。2010年下发的《关于进一步推进"国家示范性骨干高等职业院校建设计划"实施工作的通知》要求以提高质量为核心,深化教育教学改革,优化专业结构设置,加强师资队伍建设,完善质量保障体系,提高高等职业院校服务社会的能力。2011年又启动了"国家高技能人才振兴规划",将高技能人才培养提升至战略层次。

在此阶段,高等职业教育政策进行了全面调整,主要体现于发展目标、组织使命、办学任务、管理体制、运行机制的变化,并为高等职业教育未来发展指明了新的方向。其中，构建独立、完善、开放的高等职业教育体系是完整性的要求；提升质量、保持规模、实现高等职业教育稳步发展是发展性的要求；推进开放式的合作办学方式是开放性的要求；强化实践训练、提升学生职业素养与职业技能是实践性的必然要求。

第二节　我国高等职业教育发展取得的成就

一、为社会培养大批高素质高技能人才

20 世纪 80 年代，我国开始试办各种类型的高等职业教育。自 1999 年实施扩招后，高等职业院校进入快速发展时期。据统计，2004 年我国高等教育在校学生规模总数达到 2000 万人，高等教育毛入学率由 7%上升至 19%；2005 年则上升至 21%。2004 年全国共招收普通本科、高职（专科）学生数量为 447.34 万人，比上年招生数量增加 65.17 万人，增长幅度为 17.05%，其中本科招生数量为 209.92 万人，高职（专科）招生数量为 237.42 万人。普通本科、高职（专科）在校生数量 1333.50 万人，比上年增加 224.93 万人，增长幅度达到 20.29%，其中本科在校学生规模为 737.85 万人，高职（专科）在校学生规模为 595.65 万人。截至 2011 年，具有普通高等学历教育招生资格的高等职业院校数量达到 1276 所，占普通高等院校总数的 60%，在校学生数量达到 959 万人，与 2002 年相比，院校数量及在校学生数量分别增长近 1 倍和 3 倍。高等职业教育为社会培养了大批高素质、高技能人才，无论是从数量上还是在校生规模上都已占据高等教育的“半壁江山”，成为关乎地方经济发展和群众利益的重要的高等教育类型。

二、优化高等教育结构，推进高等教育大众化进程

现代社会倡导终身教育，面对强大的市场竞争压力，优化教育结构，推进高等教育大众化是社会经济可持续发展的必然趋势。1973 年，美国著名社会学家马丁·特罗教授撰写了《从精英向大众高等教育转变中的问题》，并在文中清晰阐述了高等教育大众化的概念，指出了高等教育对于提升大众素质的作用和效果，界定了大众化教育的新时代特性。该理论以毛入学率作为分析衡量指标，分别分析和认定精英教育、大众化教育的量化依据；精英教育受众比例应控制在总受教育人数的 15%以下，大众化教育受众比例应处于总受教育人数的 15%～50%的区间内，普及教育受众比例应达到 50%以上。三个阶段总体呈现

系统关联特性，各自保持独立的教育目标和教育内容，分别起到不同的作用，整体配合社会发展，既保持紧密联系，同时又相对独立。针对我国高等教育长期存在人才培养模式及结构单一、基础薄弱的问题，国家出台多项政策推进高等职业教育快速发展。高等职业教育招生数量和在校生数量分别从 2002 年的 161.70 万人和 376.28 万人增至 2011 年的 324.86 万人和 958.85 万人；2002～2011 年，高等教育毛入学率从 15%上升到 26.9%。自 2002 年以来，我国高等教育毛入学率一直呈现上升趋势，在此期间本科院校发展规模及速度并未实现较大增长，显示出高等职业教育在推进我国高等教育大众化进程中发挥着不可替代的重要作用。在全面推进高等教育实现大众化目标进程中，高等职业教育已经逐步成长壮大，我国高等教育大众化的目标也在逐步实现。

三、构建具有中国特色的高等职业教育体系

我国高等职业教育在教育目标、教育方法、教育内容、教育效果的实施中取得了独特的经验，形成了具有中国特色的高等职业教育体系，丰富和完善了我国现代高等教育体系，解决了长期以来存在的教育类型单一、层次不够清晰的问题。1996 年颁布实施的《中华人民共和国职业教育法》中明确规定："职业教育分为初等职业教育、中等职业教育和高等职业教育层次……高等职业教育根据需要和条件由高等职业学校实施，或由普通高等学校实施。"从历史上追溯，法律地位的确认是保障教育的首要条件。因此，教育法从根本上奠定了高等职业教育在我国高等教育体系中的重要地位，从根本上解决我国高等职业教育体系的建立和衔接问题。①

目前，我国已初步完成涵盖初等、中等、高等三个层次的职业教育体系构建任务，同时逐步形成了包含高等职业（专科）、本科、研究生三个层次的高等教育体系。在整个高等教育体系中，高等职业教育承担着为社会培养高素质、高技能人才的重任。一方面，它提升了职业教育的层次与水平，有效实现了与中等职业教育之间的相互衔接，拓宽了中等职业教育学生深造的渠道；另一方面，它从根本上解决了高等教育人才培养模式单一的问题，弥补了我国高等教育在建立之初以苏联教育体系为模板构建的高等教育体系的缺陷，为现代国家经济发展提供了宝贵的实用型人才，在推进社会主义现代化建设中发挥了重要作用。

四、实行多元化的高等职业教育办学机制

在高等职业教育发展政策的强力推动下，高等职业院校经费政策逐步进行

---

① 参见鹿林：《我国高等职业教育现状及发展趋势分析》，载《中国成人教育》2008 年第 22 期。

调整，并呈现出多元化发展的趋势。政府作为单一教育主体的局面逐步被打破，民办职业教育开创了由政府为主导、市场为导向、社会团体与企业共同参与的多元化办学方式。与此同时，民办高校呈现出蓬勃发展的生机与活力，为高等职业教育健康发展增添了新生力量。截至 2015 年，行业、企业与职业院校共同组建职业教育集团 1238 个，全国有民办高等职业院校 734 所，在校学生数量为 610.9 万人，招生人数占当年高职招生数量比例为 28%。

五、构建高等职业教育法律制度体系

高等职业教育的可持续发展离不开法律制度的支持与保障。我国颁布并实施《中华人民共和国职业教育法》以来，基本形成了以《中华人民共和国职业教育法》为基础，以《中华人民共和国教育法》《中华人民共和国高等教育法》《中华人民共和国劳动法》《中华人民共和国就业促进法》等相关法律为补充，以《普通高等学校设置暂行条例》《民办教育促进法实施条例》等行政法规、规章为配套的职业教育法律制度体系。

第三节　我国高等职业教育可持续发展面临的问题、原因及应对策略

一、我国高等职业教育可持续发展面临的主要问题及原因

虽然我国高等职业教育发展取得了令人瞩目的巨大成就，但在现阶段深化内涵、提升质量的改革发展进程中依然面临很多现实问题，下面列举几个主要问题并分析其成因。

（一）高等职业教育体系不完善

随着我国经济发展方式转变与产业结构优化调整，高技能人才资源匮乏与企业需求日益增长的矛盾不断激化。从高等职业教育体系的发展现状分析，目前专科层次高等职业教育依然占据主导地位，涵盖本科、研究生及更高层次的高等职业教育体系尚未建立；高等职业教育与中等职业教育衔接不顺，培养目标不清晰，继续升学渠道不畅；高等职业教育与普通高等教育缺乏有效衔接与沟通，没有形成以开放性、多元性和协调性为主要特征的现代高等职业教育体系。出现这些问题的根本原因有三个：第一，高等职业教育自身定位不明确，始终被当作是高等教育的一个层次，而不是一种类型，因而缺乏自身的独立发展

体系;第二,高等职业教育在短期内迅猛发展,其制度体系的建设远远滞后于规模增长与扩大的速度;第三,在高等职业教育发展过程中缺乏基于系统理论的指导,未能将高等职业教育体系作为整个教育体系的一个子系统,实现高等职业教育体系与其他体系的有效衔接,发挥“整体大于部分之和”的功能。

(二)高等职业教育资金投入不足

虽然我国各级政府不断加大高等职业教育资金投入,但高等职业院校学生人均经费和教育资源仍然严重不足,制约着高等职业教育办学规模的扩大及实践教学质量的提升。

1. 高等职业院校生均经费偏低

据世界银行1988年的一项研究表明,发展中国家职业技术教育的生均成本要比普通教育高出153%,这是由高等职业教育的自身特点所决定的。但以我国2005年和2006年各类教育生均预算内的教育经费为例,普通高等院校分别是5940.77元、6395.38元,高职高专类院校分别是2959.08元、3233.24元。普通高等院校的预算内生均经费是高职高专院校的近2倍。①

经费短缺导致学费偏高。由于高等职业教育的经费投入不能满足职业教育的快速发展,提高学费就成为了筹集经费的重要渠道。2004～2006年,学费投入占高等职业教育年度总投入的比例分别为35.11%、32.23%、31.94%。

2. 经费短缺导致实习基地和实训设施严重匮乏

经费短缺导致高等职业院校实习实训基地建设严重滞后,实训设备陈旧落后,实训项目不能顺利开展,体现高等职业教育特色的基础设施相对薄弱,无法有效实现高技能人才培养目标,对高等职业教育办学质量产生直接影响。造成高等职业教育经费不足的主要因素有以下几个方面:

(1)高等职业教育经费投入法律保障制度不完善。这主要体现于职业教育经费的相关法律法规亟待建立和完善,教育经费的执行标准和执行机构有待具体化,执法监督缺乏相应的制度和措施。

(2)企业尚未成为高等职业教育经费的承担主体。职业教育的性质及功能决定了职业院校与企业发展之间存在相互依赖、相互促进的关系。在西方发达国家,职业教育大部分经费都来源于企业的办学投入。我国由于未建立相应的企业投入保障及激励机制,企业缺乏高等职业教育投入的主动性和积极性,这也是造成我国职业教育经费短缺的原因之一。

(3)职业教育资源及经费使用不合理加剧了教育经费短缺,集中体现于宏观和微观两方面。从宏观方面上看,职业教育整体规划与布局缺乏科学指

① 参见芮小兰:《高等职业院校可持续发展的问题与对策研究》,华东师范大学2010年硕士学位论文。

导和系统规划，导致各地方院校进行重复建设；教育资源配置无法适应经济发展及产业结构调整需求，从而降低了教育经费的使用效率。从微观方面上看，事业性经费和个人经费所占比重较大，而基础建设经费和公用经费所占比重较小，对经费使用效率提高产生影响，导致高等职业院校可持续发展缺乏资金保障。

（三）高等职业教育法律法规体系不健全

通过对现行高等职业教育法律制度框架进行分析，目前仅有《中华人民共和国高等教育法》和《中华人民共和国职业教育法》两部法律用于规范高等职业教育，其余则以部门规章和部门决定的形式发挥效力。其中《中华人民共和国高等教育法》主要用于规范普通高等教育，高等职业教育相关规定内容基本空缺；《中华人民共和国职业教育法》主要用于规范初等职业教育和中等职业教育，涉及高等职业教育规范内容同样欠缺。高等职业教育具有高教性和职业性双重属性特征，因此处于交叉重合状态，存在法律规范不足的问题。由部门规章、地方性法规及条例作为高等职业教育规范的补充形式还引发了法律实施随意性及空间差异性等问题。造成这种局面的主要原因有以下三个方面：

1.《中华人民共和国高等职业教育法》尚未颁布

目前，我国高等职业院校的设立条件、评估标准、人才培养模式、教师职称评定等规定参照执行普通高等院校标准，适用《中华人民共和国高等教育法》。从法律效力来看，《中华人民共和国高等教育法》的法律效力高于国务院、教育部颁布的关于高等职业院校的具体办法和规章，由此引发法律与办法、规章的矛盾冲突，导致规范高等职业教育发展的各项政策措施、规章制度成为一纸空文。

2.法律法规缺乏足够的监督作用

虽然政府部门就高等职业教育发展中存在的问题以规章、政策的方式予以规范，却往往只有规范要求，缺乏相应的责任条款及明确的法律监督机制。

3.高等职业教育法律体系尚未完善

对高等职业教育院校的管理制度、规程和标准缺乏统一归纳和修订；高等职业教育考核制度尚未全面引进具体考核标准及国际标准规程；高等职业教育与普通高等教育之间的沟通与衔接缺乏相应的法律依据。

（四）高等职业院校自身发展中面临的问题

1.办学定位不清晰，缺乏办学特色

目前，我国高等职业院校普遍存在定位不清晰、办学特色不够鲜明的问题。究其原因，一是部分高等职业院校迫于招生与就业的压力，将升本作为学校战略发展目标，从办学方式到专业设置和课程设计均是本科院校的简单复制；二是师资力量和管理水平不能提供高水平的职业技能教育，现有条件不能够提供充足的实训条件，只能简单地进行理论教学，未能彻底地实施职业能力培养；三是对高等职业院校办学理念及方针的理解产生偏差，在办学过程中忽略了高等职业教育的本质、任务及其人才培养目标，没有充分体现高等职业教育的办学特色。①

2.专业设置不合理，缺乏科学规划及市场调研

高等职业教育专业设置具有明确的职业针对性及明显的市场导向性，目前我国高等职业院校在专业设置上存在以下几个方面的问题：

(1)发展目标上，定位模糊。我国大部分高等职业院校由原来的中等职业技术学校基础上发展而来，部分因教育改革需要由多所院校合并而成，因此在专业设置上缺乏明确的目标定位。多数单纯模仿甚至直接复制本科院校专业设置目录，根据学科体系结构进行专业设置，注重学科结构体系的完整性，却忽略了体现高等职业教育本质的职业性特点。

(2)专业设置上，重人文轻理工。高等职业院校由于办学实力相对薄弱，缺乏足够的资金采购理工科专业教学所需的各类实训设备和实验器材。相对于理工类专业，文科类专业投入较少，办学成本较低。因此，高等职业院校更加倾向于设置对教育资源要求不高的人文社科类专业。

(3)专业建设上，缺乏稳定性，市场调研不足。高等职业院校为缓解招生及就业压力，盲目设置当前热门专业，当人才供求关系发生变化时，毕业生即面临就业困境。部分院校在专业建设中忽视教育的本质规律，缺乏前瞻性和稳定性，对各类人才潜在需求调查不足，造成市场需求狭窄。另外对传统专业和明显不适应社会经济发展需求的专业未能及时进行调整及更新，造成教育资源浪费。

3.“双师型”师资队伍建设滞后

“双师型”是为实现高等职业院校人才培养目标而对其培养主体——教师所提出的独特要求。“双师型”教师是指在高等职业院校承担理论与实践双重教学任务，兼备理论与实践教学资格的教师。与普通高等院校教师相比，“双师型”教师标准要求更高，需要同时具备专业技能与职业资质。在高等职业教育加速发展、规模不断扩张的背景下，高等职业院校“双师型”师资队伍建设严重滞后，主要表现在以下几个方面：

(1)数量明显不足，生师比例过高。随着高等职业教育的快速发展，高等职业院校招生人数增长迅速。目前最为严重的情况是缺少具备职业资格和职业

① 参见王前新：《高等职业技术院校发展战略研究》，华中科技大学2004年博士学位论文。

经验的“双师型”教师。

(2)教师队伍配置结构存在重大缺陷。职业教育的核心在于培养企业需要的实用型技能人才。在培养过程中,师资是核心因素。目前,我国的教师聘用过程受多种因素影响,高素质的技能型人才未能纳入高等职业教育体系,进而影响高等职业院校在培养过程中缺少与实践的对接,未能充分实现为社会输送高技能应用型人才的功能。而实际教学中更缺少与企业合作办学的可行的平台,企业中能够具备指导能力的企业兼职教师比例过低,与发达国家相比差距过大。在德国的职业教育体系中,由于企业与学校共同承担教学任务,分工不同。职业学院的专职教师担任知识的讲授工作,这部分教师占教师总体数量比例为35%～45%;其余则是来自不同企业的兼职教师,他们不仅具有扎实的理论基础,而且还具有丰富的工作经历及实践经验,承担应用性课程的教学工作。我国高等职业院校目前仍然以专职教师为主体,且大多数专职教师源自普通高校硕士毕业生,不仅在理论教学岗位上需要多年培养,而且还需要学校提供岗位实践的机会,以满足与企业实际需要对接的要求。在师资培养和考核过程中,需要建立与实践需求匹配的制度,以全面提升师资培养职业能力的教学水平。

(3)“双师型”教师管理考核机制有待完善在职业教育战略规划过程中,人员编制、教学管理水平落后;在对“双师型”教师管理过程中,缺少可实施和可控的教师执业水平考核、教学能力评价、教师培养考核机制,未能有效地激励和考核“双师型”教师。

(四)校企合作模式单一,缺乏深度和广度

校企合作是学校与企业合作教育的简称。美国国家合作教育委员会定义合作教育是将课堂学习与工作经历结合起来,使学生获得基本技能,增强学生确定职业方向的信心。我国对校企合作的定义为:校企合作是一种以提升学生的综合能力和就业竞争力为重点,利用学校和企业不同的教育资源和环境,将教学和实践相结合,培养出企业所需要的高水平的技能型人才,从而实现企业与学校的资源共享、优势互补、发展共赢的教育模式。当前,我国高等职业教育处于深化内涵、提升质量的阶段,大力发展校企合作,积极探索有效的校企合作模式是加快高等职业教育发展的必然选择。然而在校企合作深入推进的过程中,存在以下现实问题:

1.高等职业院校对“校企合作”的认识存在偏差

作为校企合作重要主体之一的高等职业院校,具有较强的校企合作意愿,能够积极开展探索与实践。但在具体实施过程中,多数高等职业院校对校企合作的理论基础及现实认识依然缺乏深度和广度,将学生到企业实习视作校企合作的主要形式，并仅仅定位于满足学生就业需求，未充分认识到校企合作作为人才培养模式的系统性及连续性。作为企业方面，对校企合作的认识与参与程度多局限于提供实习岗位、实习场所和实训设备等层面，没有充分实现教育资源的合理利用与优化组合。

2.高等职业院校实训基地建设数量明显不足

高等职业院校提高实践性教学水平的重要渠道之一是与企业合作共建实习实训基地，以实施实践性教学倒逼教学管理，整合教学资源，充分发挥学校和企业的比较优势，以实现校企人财物资源共享，降低合作各方成本，互惠共赢。企业由于自身管理水平、竞争压力、激励机制等原因，普遍缺乏参与与职业院校合作的积极性；同时，由于教育对于合作方素质的要求，使校企合作缺少执行能力，导致校外实习实训基地严重匮乏，不能有效满足实践性教学的基本需求。

3.校企合作模式及其关系缺乏相应的稳定性

目前，我国校企合作的发展仍然处于校企合作的初、中级阶段，以校企契约合作模式为主。这种模式简单灵活，实施方便，基本以关系和信誉建立与维护校企合作关系，但没有形成长期稳定的合作机制，不利于校企合作的长期发展。

以北方的职业院校为例，在内蒙古自治区呼和浩特市有十几所高职高专学校。由于各种原因，不同院校整合了原本属于企业的职业学校和技校。但它们没有沿革过去与企业合作的良好渠道，人事变动中缺少对教师的培养和淘汰机制，教学观点落后，教学方法和教学内容陈旧；偶尔有创新的教师却因缺少能够匹配的企业，导致校企合作无法进行，不能建立与区域企业匹配的校企合作机制；院校也未能与企业建立长期稳定的合作，校企合作流于形式，未能对学生职业能力的构建带来实质性的帮助。

综上所述，高等职业院校在发展中存在很多自身问题。究其原因，一方面源于高等职业教育理念滞后，高等职业院校在实际运行中存在各种偏差；另一方面源于我国现行高等职业教育法律法规缺失，相关体制、机制约束不够。

二、我国高等职业教育可持续发展的应对策略

（一）以可持续发展理论指导高等职业教育的发展

现代科学技术进步及经济快速发展在为社会创造巨大财富的同时，也带来诸如能源短缺、环境污染及生态失衡等一系列问题。传统的以高耗能、高污染为特征的粗放型发展模式造成人类赖以生存的自然环境及生态环境持续恶化，对人类未来发展产生严重威胁。

现代大工业生产对于人类如何更好地生存提出了考验，它明确指出人与自然共同协调才能实现持续生存和发展。作为高等教育类型之一的高等职业教

育需要从可持续发展战略的高度出发，实现自身全面发展，才可能配置相关资源和课程，进而培养企业和社会发展需要的人才。

教育所起的作用在于通过目标设置、课程安排、效果评估的手段引导受教育者形成能够支撑可持续发展、解决环境和发展问题的能力。笔者认为，运用可持续发展理论指导我国高等职业教育发展应从政府与院校两个层面考虑。从政府层面，应强化政府职能，构建完善的高等职业教育体系，加快高等职业教育立法，创新管理体制机制。从院校层面，应坚持可持续发展，具体包含两方面的内容：首先，高等职业院校作为与社会经济联系最为密切的教育主体，其专业设置是实现其可持续发展的基础，需要以区域优势为依托，同时需要高质量的师资队伍、高水平的教学设施及实习基地作为保障。其次，实现教师与学生自身的可持续发展。在全球化和信息化的现代社会，科学技术进步使得知识技术和工作结构变得日趋复杂化。因此，在学生学习过程中更应注重在认知能力提升的前提下，合理安排理论知识和专业技能培养课程，形成职业生涯长期发展的自我提升能力，适当进行知识储备，从而实现个体的可持续发展。

（二）强化政府职能，构建良好的宏观政策环境

发达国家高等职业教育发展的成功经验表明，高等职业教育实现健康可持续发展的前提是政府给予高度重视和提供有力保障。从公共经济学领域的研究成果来看，一方面，教育替政府履行公共职能，因此政府会出资保障教育；另一方面，教育产品也具有部分私人产品特性，可以纳入市场化进程中由市场供给规律进行调节。但是，如果把教育完全纳入市场领域，通常会在某种情况下失控，教育产品的供给会失衡，因此政府需要正确界定角色，恰当发挥作用。

1. 构建开放式、一体化的高等职业教育体系

根据系统理论，系统的组成结构与其能够提供的功能实际上是相互作用的两个基本属性，结构为提供功能奠定基础，功能是结构存在的最终目标。事实上，系统应具备的功能是结构建构的导向，而结构的好坏直接影响系统功能的强弱。

利用这一理论来分析职业教育，可以发现：职业教育事实上已经构成了一个完整的系统，系统描述可从结构和功能两个基本属性出发，描述的目的是对系统优化，提高其效能。职业教育的组成结构形成依赖于职业教育应具备的功能。职业教育系统的组成结构决定职业教育功能的有效发挥。

具体到我国高等职业教育系统的现状，存在职业教育战略逻辑主线不清晰导致层级混乱、结构不合理导致职业教育功能不能完全发挥等问题。这在一定程度上对职业教育功能的发挥产生了负面影响，需要进行深度优化及全面调整，而职业教育体系结构优化及调整始终是一个复杂的系统工程。因此，职业

教育体系层次结构的调整是职业教育系统自身发展规律与社会环境相互依存、相互作用的必然结果。

基于系统理论分析，并借鉴发达国家高等职业教育发展的先进经验，再结合我国社会经济宏观环境及高等职业教育的发展现状，应将高等职业教育纳入整个教育系统，提出完整的职业教育体系构建思路：构建高等职业教育与中等职业教育有效衔接，与普通高等教育并行发展，以市场需求为导向，以实践应用为核心，教育功能完善，办学主体多元化，学历层次分明的开放式、一体化职业教育体系。

为适应经济发展方式转变及产业结构调整的要求，笔者从以下几方面提出全面构建我国职业教育学历体系的设想。

(1)加强中等职业教育与高等职业教育之间的沟通和衔接。我国高等职业院校学生生源分别来自于全日制普通高中生、中等职业学校毕业生及社会在职人员，根据高等职业教育人才培养目标要求，中等职业学校毕业生应在以上三类生源中所占比例最高。但目前我国职业技术教育现状是：高职教育生源大部分来自于全日制普通高中生，只有极少数中职学校毕业生有机会进入高职院校继续学习和深造，导致高等职业教育的导向和辐射功能不足，职业教育体系缺乏完整性；由于中职学校优秀毕业生缺乏再学习和再深造的机会，其专业知识和实践技能的再提升将会受到影响，也会制约高等职业教育持续发展的空间。

要促进中等职业教育与高等职业教育的有效衔接，就必须创新高等职业院校的招生模式，改革招生政策，为中职院校毕业生进入高等职业院校完成职业技能再提升拓展渠道。

(2)完善高等职业教育结构体系，延伸办学层次。以高等职业教育多层次性形式给学生以有效的终身职业提升保障。在高等职业教育起步阶段，将其定位于三年制的专科层次是必要且符合实际需求的。企业竞争的加剧及发展中创新型产品研发和生产的需要，对高层次、高技能职业人才需求尤为迫切。因此，在继续提升专科层次高等职业教育质量的同时，应尝试开办四年制本科高等职业教育，部分重点及成熟专业可试行招收硕士乃至博士研究生。

对于学历层次之间的衔接，可借鉴中等职业与高等职业教育衔接的经验。创新招生模式，改革招生制度，明确培养目标，制定高层次技术人才培养标准；与企业对接，加强企业对职业教育学历层次与学分认证，搞好不同层次之间的有效衔接和社会认可机制。

(3)实现高等职业教育体系与普通高等教育体系的有效衔接。首先，改变学校教育与学校类型单一对立的关系，实现同一所学校可实施不同类型的教育，同时可依托有条件的普通本科院校开办高等职业教育。其次，改变高等职业教育与普通高等教育彼此分割的局面，通过考试选拔制度与学分认定机制，形成不同层次之间交汇融合的通道，以满足部分高等职业院校学生继续深造的要求。最后，以发达国家普遍实施的弹性学习制度为借鉴，推行职业资格证书与学历证书相结合的“双证书”制度，全面提升高等职业院校及普通高等院校学生的专业素养及职业技能。

2.提高财政投入，拓展多元化筹资渠道

(1)依据职业教育特点，积极与政府相关部门沟通，以提高政府经费投入比例。职业教育实施过程中，设备投入对教育效果提升明显，但是投入占比过高。因此，政府需要合理配置教育经费，加大对高等职业教育必备设备的投入，以保障教育质量。调整经费分配结构，制定实施公平、合理、有效的职业教育财政分配政策。

(2)拓展多元化的资金筹集渠道。一是实现投资主体多元化，高等职业院校除争取中央财政资助外，还需要引入多方力量共建高职业教育体系。与企业发展需要匹配，基于企业发展战略，将职业教育实践课堂延伸至企业，形成共建，以创新形式降低成本，提高人才产出质量。二是多方引资，以优惠政策吸引实力雄厚、技术先进的企业进驻校园，实现校企之间的深度融合。三是拓展引资渠道及方式，推行高等职业院校后勤服务社会化运作。

(3)完善高等职业教育经费使用办法，提高经费使用效益。要正确处理高等职业教育发展规模与效益的关系，整体规划职业教育发展布局，整合教育资源。在扩大规模的同时注重深化内涵，以充分利用职业教育资源；在职业教育经费中应明确事业性经费、基础建设经费、公用经费与个人经费的使用范围，防止资金浪费和流失，最大限度地提高职业教育资源使用效率。

3.完善高等职业教育法律体系

从发达国家高等职业教育的发展历程来看，完善配套的法律制度体系始终在为高等职业教育快速发展提供重要的保障。将法律保障作用运用到推进高等职业教育实现可持续发展的过程中。

(1)制定颁布《高等职业教育法》。《高等职业教育法》应涵盖高等职业教育体系构架、高等职业院校的设立条件、经费投入、保障方式等各项内容，以法律形式明确高等职业教育的性质、任务、办学模式、运行机制及管理职能；扩大高等职业院校办学自主权，保证其在办学规模、专业设置、教师聘评等方面享有充分的自主权；延伸高等职业教育办学层次，立足于目前专科层次高等职业教育，逐步建立从专科层次到本科层次乃至职业硕士、职业博士的高职学历教育体系框架。

(2)制定出台《高等职业教育法律法规实施细则》。《高等职业教育法》只对高等职业教育作出原则性规定，具体实施内容则应以行政法规方式予以补充和完善。《高等职业教育法律法规实施细则》应汇集整理高等职业教育系列计划、意见、决定等各项内容，对违法责任予以明确规定，发挥规范性文件的法律效力。

(3)完善就业准入相关政策。完善就业准入法规内容，明确规定并执行“先培训、后上岗”的招聘录用制度；对违反规定，擅自录用未接受职业培训员工的用人单位予以处罚，并责令其限期完成高等职业教育与培训。

(4)补充制定各项规章制度。如教师职务评聘制度、学生实训标准制度等，以规范高等职业教育相关主体行为。

(三)提升高职院校核心竞争力，实现可持续发展

可持续发展理论要求高等职业院校一方面应积极促进发展模式的转变，调整以往盲目追求外延式扩张的发展思路，向调整结构、深化内涵、提升质量的方向转变，以突出教育理念、强化办学特色为本，实现高等职业院校功能与效率、质量与效益的全面协调发展；另一方面，高等职业院校应切实推进教学质量、科研质量、社会服务质量的全方位提升，以增强自身综合实力，实现可持续发展。

1.调整专业结构，优化专业设置

我国高等院校专业设置历史上沿革了前苏联的专科划分方式，原有的专业设置部分滞后。因此，从市场需要和人才成长需要出发，应该调整教育思路和专业结构。高等职业院校专业作为教育机构的基本教育单位或教育基本组织形式，将社会需求与教学工作紧密联结。它既是高等职业院校制定人才培养计划，实施招生、教学、就业等各项工作，为社会培养技能型人才的依据，也是学生选择学习内容，形成专业特长，确定未来职业方向的依据。高等职业教育人才培养目标是为国家和地方经济发展培养适用于生产、建设、管理和服务第一线的高等技术应用型人才。与普通高等教育以基础学科结构为专业设置依据相区别，高等职业教育应遵循“以市场需求为导向，以职业岗位(群)为依据，以学科交叉与复合为特征”的原则，不断调整专业结构，优化专业设置。

(1)以市场需求为导向。高等职业院校的人才培养目标决定其在专业设置上既要满足经济发展方式及产业结构调整对技能型人才的需求，也要充分考虑社会对人才需求的变化趋势。由于产业结构升级及技术结构优化催生新的行业和领域，对各类高素质、高技能专业人才的需求不断增长，要求高等职业院校应对市场需求变化，研究新行业和新领域的需求状况，及时调整并优化专业结构。

(2)以区域优势为依托。高等职业院校在进行专业设置时应将服务区域经济的观念放于首位，遵循科学性原则，对国家高等职业教育发展政策、产业结构

调整、区域产业结构构成等内容进行市场调研及可行性认证。针对区域经济建设战略发展的需要,企业现有岗位群及与战略发展配套的创新型技能人才需求来设置相关专业、课程、教学方式和评估考核体系,满足经济、企业需要,依托高等职业院校资源优势,培养地方经济急需的技能应用型人才。

(3)以构建专业群为目标。构建高等职业院校专业群,一方面有利于优化教育教学资源,共享人才资源及实训资源;另一方面有利于建设特色专业和品牌专业,提高高等职业院校核心竞争力。在构建专业群时应遵循集群性原则,依据核心产业,围绕相关产业,构建以主干专业为主,相关专业为辅的相互关联的专业群。

(4)以学科交叉复合为特点。随着现代生产科技综合性日益增强及岗位知识内涵性不断丰富,复合型人才成为高等职业教育人才培养的最终目标。高等职业院校应根据现代社会经济发展的特点和趋势,通过学科交叉复合进行专业设置。依据入职匹配理论,将岗位任职资格与专业培养目标密切结合,设置复合型专业,培养高技能复合型人才。

2.构建科学有效的“双师型”教师管理机制

可持续发展理论观点之一是实现人的可持续发展。高等职业教育中人的可持续发展既包含高等职业教育所培养的人才的发展,也包含作为人才培养主体的高职院校教师的发展。应该借鉴现代人力资源管理制度,构建科学的“双师型”教师管理机制。

(1)建立并完善职教岗位用人机制。通过对工作岗位的分析评价,科学设置机构岗位,明确高等职业教育教师及辅助机构人员的岗位职责、任职资格及选拔考核机制,吸纳符合任职资格的专业教师,提高人力资源管理效率与效益。

(2)完善“双师型”教师培养机制。根据教师自身的职业发展规划,制定“双师”素质培养的战略规划,并建立基于校企合作的“双师”素质教师培养双赢长效机制。在校企之间实行交互培养,同时针对不同层次的教师实施分层培养方案。对新任年轻教师通过“传、帮、带”以及各层级的培训实行全面培养,不仅要注重教育教学方法的培养,而且还要注重实践技能和科研创新方面的培养,使年轻教师快速成长;对骨干教师则注重教育教学改革、科研项目开发方面的培养;对高水平教师人才则注重管理能力、创新发展等方面的培养。

(3)创新“双师型”教师激励机制。高等职业院校除以常规的激励方式,如岗位津贴、住房补贴、职称晋升等对“双师型”教师予以激励外,更应根据“双师型”教师的特点及需求创新激励手段,如以“产学研”成果作为评价教师的标准,并与职称评定等挂钩,就能切实激励“双师型”教师发挥其潜能和作用。

(4)构建“双师型”教师绩效考评机制。对“双师型”教师的绩效考评可借鉴运用360度全方位绩效考评法,以自我评价为基础,以学生评价为主体,以行业评价为参照进行全方位绩效评价。绩效评价完成之后及时进行绩效沟通与反馈,发现并解决问题,以利于教师对自身的职业生涯发展规划进行适时调整和完善。

(5)构建"双师型"职称评定机制。高等职业教育职称晋升标准要区别于普通高等院校。一方面,加强应用实践技能及技术成果考核比重,降低理论成果考核比重;另一方面,依据"双师型"教师资格等级分布进行职称评定,并与普通高校教师职称等级划分相互对应。

3. 建立校企合作机制,创新校企合作模式

基于系统理论观点,校企合作将会构成一个较大的教育系统,具有开放动态性的特点。作为其子系统的企业和高职院校应秉承高等职业教育原则,突破行业和院校界限,以战略眼光建立校企联盟,发挥校企合作的系统功能。

随着经济社会的快速发展,高等职业院校人才培养目标与社会需求之间的联系日益紧密。将行业、企业需求作为人才培养的立足点,秉承开放办学的现代理念。延伸学生供应链,拓展校企共同实施教育链条,是有效实现高等职业教育人才培养目标的有效途径,企业要参与教学资源建设,不仅为学生提供实习实训基地和实践师资力量,减轻学校在实习实训设备方面的投入压力和实践型师资队伍培养培训的压力,而且还要深度沟通,从实际需求出发,从根本上提高学校的办学质量和水平。对企业而言,通过与学校联盟合作,能够随时吸纳符合行业需求的高技能应用人才,降低企业人力资源成本,为企业创造更高效益。对学生而言,通过校企合作提高学生的实践技能及职业素养,拓展就业渠道。对社会而言,提升学生就业率,改善就业环境,充分实现人才供需的可持续发展。有效实现校企合作的可持续发展可从以下四方面着手:

(1)创立校企合作保障机制。校企合作能够开展和发展的首要保障是政府主导。第一,政府角色定位应是通过充分调研和规划,基于整个国家战略发展角度,通过建立健全法律法规促进校企深层次多角度合作,不仅使企业作用于硬件支撑和师资提供,而且还作用于产学研的各个领域。第二,政府应通过制定、推行相关政策,为校企合作提供所需的人力资源保障。如推行职业资格制度,建立有效的职业资格体系,使资格认证不仅作用于企业,而且还在高等职业教育领域内起作用,促进具有经验和理论传授的技能型人才在校企合作过程中流动,增强高等职业教育在学生职业转换过程中的作用。第三,政府配置资源交换和纠纷解决机构,为校企合作提供资源整合平台和纠纷解决服务,为院校、行业、企业发展提供互利共享的社会资源。

(2)创新校企合作运行机制。高职院校是校企合作的主要推动者,应积极构建开放式运行机制。第一,构建能够与企业和产业对接的开放式教学体系,

在专业设置、课程设置与岗位需求衔接、教学方法和效果评估与企业实践要求衔接，确保按照企业和社会需求进行人才培养。第二，构建校企合作评估体系和服务体系，全面协调和指导专业开展校企合作的层次和水平，确保校企合作的可持续发展。

(3)构建校企合作内部能动机制。首先，建立共同的目标，实现信息共享、资源共享及人才共享。其次，创建规范有序教学成果、学生成绩、职业能力考评体系。整合行业专家参与考评，使考核客观公正，教学成果能够在企业选拔人才过程中起作用；建立教师承担企业创新所需的科研和技术开发工作，加强项目增加企业效益的效果，让市场参与考评过程，解决企业现实难题，切实促进校企合作可持续发展。①

(4)以区域企业的需求为驱动，建立立体学习体系。企业受到互联网为代表的信息技术的影响，其人才需求导向也会发生变化。因此，根据区域企业的人才需求建立基于互联网的立体学习体系十分必要。在学生入学初期，应在学生入学引导环节加入企业人员尤其是人力资源管理的专业人员为学生作职业生涯引导工作，使学生从一开始就建立以企业需求为导向的学习目标。在不同学期，引导学生参加由企业命题的各种竞赛，使学生在书面表达、口语表达、分析问题、解决问题、创新创意领域形成不同层次和不同视野的职业能力。在学生实习期间，进入相关企业进行实习实践，以匹配企业人才需求。在这个学习体系中，要重点培养学生利用互联网等信息技术参与企业的创新创造的能力，使学生在完成企业任务过程中建立与企业沟通交流的平台，认同企业文化、接受企业的约束，建立以区域企业的需要为导向的思维方式。最终要形成利用互联网、学生竞赛、企业命题和考核的一系列学习体系，使学生走上终身学习的健康成长道路。

---

① 参见肖海慧、蒋心亚：《高职院校核心竞争力提升路径的探索与实践》，载《继续教育研究》2016年第4期。

第八章 新时代我国高等职业教育的发展展望

第一节　工匠精神融入高等职业教育的路径

目前，高等职业教育已进入新的发展阶段，需要汲取工匠精神。工匠精神的内涵随着时代的进步而不断演变。其最初的指向是以"精益求精"为核心共识的职业精神，即工匠们对设计独具匠心、对质量精益求精、对技艺不断改进、为制作不竭余力地理性追求。经过积淀和发展，它不断具化为师道精神、创业精神、创造精神、实践精神[①]，以及"尚巧"的创新精神、"求精"的工作态度、"道技合一"的人生理想[②]。广义上讲，它泛指人们在日常生活中表现出来的一种创新、开放、不断学习、不断提升与完善的生活态度。[③] 工匠精神的内涵有育人功能，对技术技能型人才培养具有重要作用。有的学者甚至将其视其为"现代职业教育的精神标杆引导、职业教育文化软实力的象征"，彰显了工匠精神立德树人的时代价值。笔者从精神视域入手，在探寻工匠精神和高等职业教育的本质关联、审视工匠精神与教育精神的互动关系的基础上，剖析工匠精神在职业院校被忽视的内在原因，并为推动工匠精神融入高等职业教育探寻一条可行的路径。

---

① 参见李宏伟、别应龙：《工匠精神的历史传承与当代培育》，载《自然辩证法研究》2015 年第 8 期。

② 参见肖群忠、刘永春：《工匠精神及其当代价值》，载《湖南社会科学》2015 年第 6 期。

③ 参见齐善鸿：《创新的时代呼唤"工匠精神"》，载《道德与文明》2016 年第 5 期。

一、工匠精神的概述

工匠精神本意是指工匠对自己负责生产的产品所追求的精雕细琢、精益求精的职业态度与精神理念。纵观古今中外，无论是哪个优秀的工匠，都要追求产品细节，不断改善工艺，努力雕琢产品，执着打造精品，同时享受着这个过程。当工匠看到产品在自己手中得到不断升华时，会由衷产生一种喜悦感与欣慰感，而这就是工匠精神。工匠精神具体包括四个方面：

1. 注重细节：对产品追求细节、追求完美，有时为了一点小的改进或提升，也会花费很大的精力与很长的时间去反复雕琢。

2. 精益求精：对产品保持着高要求和一丝不苟的态度，用严格的工艺和检测标准来对待生产过程，绝不投机取巧、偷工减料，不达到要求绝不交货。

3. 耐心专注：在追求完美的道路上永不止步，不断地对材料、设计及生产流程等进行改进，专注提高产品质量。

4. 专业敬业：注重专业技能的不断提升，尊重和热爱自己的职业岗位，努力追求业内最高技术水平，生产优质产品。①

二、高等职业院校培育工匠精神是时代的诉求

（一）工匠精神能为服务国家战略提供强大的人才支撑

近年来，科学技术日新月异，我国经济社会快速发展，制造业装备水平不断提升，新技术、新思想和新知识成为我国进行产业创新的新要素。然而，与世界先进国家相比，我国制造业劣势也比较明显，诸如关键核心技术缺失、自主创新能力薄弱、关键核心部件材料受制于人、知名品牌企业数量较少、服务体系建设滞后等，造成我国制造业尤其是高端制造业的国际影响力不足。中国被称为"世界工厂"，是一个制造业大国。在500多种主要工业品种中，中国有220多种产量位居世界第一，但是中国在世界上知名的制造业品牌并不多。相比之下，日本和德国作为享誉世界的制造业强国，都拥有数百个国际知名品牌。由此可见，这些工业制造强国的形成离不开品牌战略的实现，而"长寿企业"的生存秘诀则在于他们对精益求精的工匠精神的高度重视，将其视为企业发展和品牌声誉的"生命线"。因此，要缩小我国与世界制造业强国的差距，根本在于建立人力资源强国。要充分发挥高等职业教育的主体作用，培养一批能够沉得住心、专注于一个领域或一件产品、锲而不舍地追求极致的当代工匠，以提供强大的人才资源支撑，让工匠精神深深地根植于中国经济，满足国家制造业转型升

① 参见张娟娟：《工匠精神在职业教育中的回归与重塑》，载《职教论坛》2016年第35期。

级的现实需要,提升我国自主创新力,真正实现中国制造强国的战略计划。

(二)技术技能型人才职业生涯发展的迫切需要

技术技能型人才的综合素质关系着制造业产品的质量水平,而制造业水平又在很大程度上决定了国家的整体实力。因此,以工匠精神为高等职业院校人才培育的逻辑起点和落脚点,是一线技术技能型人才职业生涯发展的迫切需要。工匠精神不仅是做事的态度,更是从业者的行为价值追求,是技术技能人才职业生涯发展的文化基因。当前,我国技术技能型人才严重紧缺。7000万的产业工人只有1/3是技工,其中初级技工占到60%,中级技工占35%,高级技工仅仅占到5%。由此可以看出,制造业生产一线高级技工人才的不足已成为制约我国成为工业强国的瓶颈。基于此,高等职业院校作为技术技能人才培养的主战场,应将工匠精神贯彻于人才培育和学生成长的全过程,促进学生个人生涯发展与工作岗位需求的无缝对接,提高一线技术技能人才的职业素养。

(三)工匠精神是高等职业院校校园文化建设的灵魂

随着我国经济社会快速发展,互联网技术在各个行业应用普遍深入,企业更加热衷于"短平快"的投资和行为方式,不愿意将人力、物力和财力投入到时间长、见效慢的领域中。企业在利益面前更加注重效率而忽视质量,盲目追求成本控制和利润最大化,导致出现大批中国游客在国外抢购马桶盖、电饭煲等生活用品的极端现象。在这种社会环境氛围的变迁中,工匠精神极度缺失。因此,在我国经济步入质量时代和产业结构转型升级的关键时期,工匠精神本质的回归无疑是扩大中国制造业国际影响力的"精神之钙"。对于高等职业院校而言,重塑和大力提倡工匠精神,也为高职院校加强校园文化软实力建设提供了有利的契机,成为校园文化建设的灵魂。厚植工匠文化,崇尚和凸显工匠精神的校园文化建设,是一所高职院校转变人才培养观念的应有之义,是每一个高职学生应努力向往的一种职业境界,也是高职院校提高办学水平和加强文化软实力建设的精神标杆。

(四)工匠精神是促进高等职业教育内涵发展的动力

高等职业教育承担着培养生产一线的高素质技术技能人才的重任,将工匠精神融合于人才培养全过程,不仅是时代赋予高等职业教育的历史重任,更是新时期促进高等职业教育内涵发展的动力。近年来,我国高等职业教育在规模和数量上蓬勃发展,但受教育体制、社会环境等内因和外因的双重影响与制约,高等职业教育内部驱动力不足,表现为校企合作机制不畅、人才培养忽视人文素养、专业课程设置不合理等。此外,职业教育层次衔接不完善,导致技术工人的职业技能、职业生涯规划、职业素养与行为习惯出现断层或者不连贯,这在一定程度上导致高等职业教育技能型人才培养质量不高,严重影响了高等职业教育由外延式扩展到内涵式发展的路径转变。然而，工匠精神在高等职业教育人才培养过程中的渗透，将涉及高等职业教育内部诸多关键要素，需要将这些要素和资源优势进行整合和优化，以形成人才培养的合力。因此，在高等职业教育中加强工匠精神的培育，不仅能够彰显高等职业教育的本质和意义，而且可以极大地促进高等教育的内涵式发展，提高高等职业教育的服务能力。

三、高等职业教育中工匠精神培育缺失的原因

当前，高等职业教育在我国受到前所未有的重视，构建现代职业教育体系已经被提升到国家战略高度。现代职业教育变革是应社会经济结构转型之需，也是为激活职业系统内部活力而变。当前，中国职业教育不仅要让中职、高职、应用型本科有效地连接，更需要注重提升职业教育的质量，注重职业精神特别是工匠精神的培养。高等职业教育肩负着培养高素质技能型人才的重任，必须注重对学生工匠精神的培养。然而，一段时间以来，工匠精神并未成为高职教育的“宠儿”，甚至被忽略了。

（一）文化歧视造成工匠精神缺失

我国儒家思想主张“万般皆下品，唯有读书高”，强调的是熟读儒家经典。儒家思想注重人文教育，轻视专业技能教育；认为所有的行业都是低贱的，唯有读书入仕才是正途；提倡读圣贤书，提高自我道德修养，进入士大夫阶层；反对后人去做工匠；更存在“劳心者治人，劳力者治于人”的社会价值观。中国传统的认知里，工匠的地位很低，对工匠和体力劳动者存在一定的偏见。虽然社会已经发展进步，但在当今社会中这种偏见依然存在，甚至已经在学生与家长中形成一种普遍认知。多数家长都希望自己的孩子未来从事脑力劳动，成为白领，进入管理层，而不希望其做一线工人。即使是做了一线工人，也想有朝一日离开这个岗位，很少有人会想去钻研技术，提高技艺。

（二）教育体制缺陷导致工匠精神缺失

现行教育体制存在的结构性缺陷，导致高考考生人人争当大学生，学生和家长重视普通教育而轻视职业教育，认为职业教育属于“二流教育”。社会普遍观点认为，进入高职院校的学生，是在高考中失败而被迫进入职业院校的“差生”，而不是自己主动去选择高职院校学习某项职业技能的好学生。另外，职业院校地域性较强，多隶属于地方政府，一些地方政府对职业教育还没有足够重视，推进职业教育发展的政策和措施还不完善。近年来，随着生源持续减少和本科高校不断扩招，高职院校的生存和发展面临巨大的挑战。高职院校纷纷向本科教育靠拢，热衷于升格为本科，随意更改自身的办学定位；一些有传统特色和技术的专业面临着停招，而“收益高，见效快”的短期培训课程不断增设。高

职院校不能把精力放在提高专业教学质量和学生的专业能力上。如此一来,工匠精神也就无法得到培养与实现。更有甚者,一些高职院校在学生就业指导中提倡“先就业,后择业”的观念,形成了“先保就业”的办学导向,导致许多高职院校毕业生所从事的工作与专业不相关。专业不对口也是造成工匠精神难以为继的重要原因之一。

(三)学校办学模式不当导致工匠精神缺失

高职院校在教学改革过程中没能正确认识工匠精神对高职教育的价值,从而没能将工匠精神的培育贯穿于整个教育改革过程中。职业教育过度市场化,许多高职院校为了经济利益,不切实际地扩大招生。即使师资不足、设备短缺,各高职院校也争相开设热门专业。例如,2005 年前后,各院校纷纷开设日语专业,而到了 2012 年以后,由于受到金融危机和国际形势变化的影响,日语专业停招,而航空服务专业几乎遍地开花。“有了学生就有了一切”“一切工作服务于招生工作”“先有学生再有教师”成了各院校的共识。学校领导对教学质量重视不足,片面追求在技能大赛中获奖,甚至把在技能大赛获奖视为工匠精神的体现。培养技术技能型人才是高职教育的主要目标,而一些高职院校只注重理论知识,轻视应用技能的训练和职业精神的培养,使学生的实践能力、创新能力得不到良好的培育。实际上,对教学质量进行科学评价应是提高教学质量最有效的手段,而一些院校缺乏科学的教学质量评价体系或者教学质量评价流于形式,导致教学质量低下,难以形成完整的专业技能讲授体系。这导致教师缺乏探索实践教学规律的积极性,放松了对各项专业技能的深入研究,忽视了精益求精、勇于创新的工匠精神。

(四)工学结合不力导致工匠精神缺失

《国务院关于大力发展职业教育的决定》(国发〔2005〕35 号)中提出,“大力推行工学结合、校企结合的培养模式。与企业紧密联系,加强学生的生产实习和社会实践,改革以学校和课堂为中心的传统人才培养模式。”可见,推进工学结合、校企合作的教育模式,是高职院校的必然选择,也是高职院校应当承担的社会责任。高职院校和企业合作的共同目标是培养优秀的工匠,通过工学结合、校企合作的模式,促使高职教育培育更多有较强责任心、使命感的匠人,为更好地服务于企业奠定坚实的基础,并使工匠精神得以传承。目前,一些高职院校对工学结合、校企合作的本质内涵理解有偏差。例如,这些院校把在校内实训基地的训练看成是工学结合的全部;认为帮毕业生找好实习单位、解决好顶岗实习就是校企合作,等等。同时,企业在观念上也存在偏差。企业以获取经济利益为目的,大多数企业认为培养具有工匠精神的人是政府和学校的事情,很少有企业积极主动与学校进行合作办学。即使与学校合作,出于管理成本、安全和风险等多方面考虑，也只是提供单一的实习工作环境，没有专业的师傅给予指导，往往把学生当成廉价的劳动力来使用。学生在这样的环境中实习，其结果就不难想象了。这些观念导致工学结合、校企合作在实际操作中走了样。另外，有的高职院校虽然设置了工学结合、校企合作的教学场所，但由于与其相配套的课程体系、教学目标、教学内容、教学方法、师资队伍建设等还不完善，导致无法达到预期的效果，最终严重影响工学结合、校企合作的顺利展开，难以营造出培育工匠精神的环境。

四、工匠精神融入高等职业教育的具体路径

强化对职业院校学生工匠精神的培育，必须将工匠精神融入高等职业教育体系，这就要求我们在全面推进职业教育体制与教学改革的同时，加强社会文化的育人环境建设，引导学生正确认识和自觉接受工匠精神的培育，最终实现自身素质的全面提升。

（一）在健全教育体制和改革办学模式的过程中融入工匠精神

健全职业教育体制，就是要建立现代职业教育体系。关键要做好三方面的工作：首先，要建立健全职业教育与普通教育、职业教育与职业资格体系之间的互通机制，重点是在基础教育阶段加强职业启蒙教育；建立中职教育与普通教育的互通机制以及职业教育学历证书与职业资格证书之间的互换机制，为工匠精神融入职业教育提供机制保障。其次，要建立健全职业教育内部衔接机制，要在进一步发展五年制高职教育的基础上，持续扩大中职学生对口升入高职的比例；加快发展本科层次的职业教育，打通职业教育的上升通道，以增强职业教育的吸引力。最后，要健全现代职业教育体系的保障机制，要在厘清政府与职业院校之间关系的基础上，加强职业教育法律法规建设；建立多元、刚性的职业教育经费供给机制，为职业院校加强工匠精神培育提供制度基础、法律依据和经费保障。

要全面改革现行的高职院校办学模式。首先，要结合现实国情，积极发展农村职业教育，增强职业教育与区域经济联系的紧密度；探索建立职业教育集团、职业教育园区等办学模式，通过构建富有工匠精神的区域文化氛围，提升职业院校的文化软实力。其次，要加强校企合作，积极探索双元制模式、订单制模式、证书制模式等多种互赢的人才培养模式，通过产教融合，将工匠精神与技术活动、技能培育结合起来，并内化于学生的精神生活之中，最终达到强化工匠精神实践教育、体验教育和养成教育的目的。最后，要在职业院校中导入现代学徒制，建立由企业师傅与学校教师共同承担教学任务、共同传授职业技能的联合培养机制，强化对学生工匠精神和职业素养的培育。

(二)在加强课程建设和改善办学条件的过程中融入工匠精神

在加强课程建设的过程中,要注重融入工匠精神。主要途径是通过修订人才培养方案,实现课程普及化、专业化和实践化,将工匠卓越的职业精神贯穿于职业院校的课程设计,贯穿于技术技能型人才培养的始终。具体来讲,首先是课程普及化,要在综合考虑知识与技能、情感与态度、过程与方法的基础上,将以工匠精神为核心的职业精神养成教育整合到各类课程之中;增加公共选修课程,在满足学生多元化、个性化需求的同时,奠定学生职业生涯发展的基础。其次是课程专业化,要在综合考虑学校办学特色、师资队伍、办学条件,以及学生知识结构、职业爱好、个性特色的基础上,将课程设计与学生需求结合起来;强化对学生掌握一技之长的锻炼,使之在某项技术(技艺)方面成为“能手”,并据此强化对学生工匠精神的培养。最后是课程实践化,要在科学设计实践教学模块的基础上,通过实践模拟、实践体验,引导学生将对工匠精神的认知和实习实训、工作实践相结合,使学生深刻理解工匠精神的内涵以及工匠精神在职业生涯中的重要作用。

在改善办学条件的过程中,也要融入工匠精神。主要途径是通过加强师资队伍建设,将工匠精神融入职业教育之中。工匠精神属于职业精神范畴,职业精神的养成需要外力的示范和引导,教师是引导学生形成职业精神的主导力量。首先,要加大对工匠型教师的资金、政策支持,把“立德树人”思想贯穿于师资队伍建设的全过程;教师要在理论教学、实习实训中以身作则,引导学生形成以“精益求精、爱岗敬业”为使命的价值取向。其次,要强化工匠型师资队伍建设,主要是加强对教师的教学理念、教学改革、实践技能方面的培训,并加大对教师参与创新创业实践的政策扶持。最后,要建设工匠型师资库,并鼓励“双师型”教师、企业界行家、技能型人才加入师资库,以更好地满足职业院校对工匠精神养成的师资需求。

(三)在优化社会文化和育人环境的过程中融入工匠精神

首先,要在全社会范围内加强以工匠精神为核心的社会文化建设。主要是打破“学而优则仕”等传统观念,营造“尊重职业、尊重劳动、尊重技术”的社会文化氛围。要通过媒体的宣传报道,树立当代“大国工匠”的典范,对做出重大贡献的“大国工匠”,给予优厚的经济待遇和较高的社会地位,使之安于工作、乐于奉献、潜心钻研。其次,要在企业中加强以工匠精神为核心的企业文化建设。工匠精神的精髓,是“严谨细致,勤劳敬业,精益求精,一丝不苟”,这是企业生存和发展的有力保障。实践证明,凡是重视工匠精神建设者,其事业就会兴旺发达,其规模就会越来越大;而疏忽工匠精神建设者,特别是造假售假者,结果只能是自毁前程。作为教育工作者,我们要结合现实案例,将以工匠精神为核心的企业文化传授给学生，使之在潜移默化中强化对工匠精神的理解。最后，要在院校中加强以工匠精神为核心的校园文化建设。要结合工匠精神"精益求精"的思想内涵，强化对学生职业生涯规划，加强创新创业的模拟实训，特别要深化校企合作，营造多层次的实践平台。要强化对校园文化的"职业化"改造，主要是根据专业特色，将产业、行业、企业发展对从业者的素质要求融入职业院校教育教学之中，促进工匠精神与主修专业的融合，形成独具特色的专业文化、校园文化。要创新对学生的评价机制，关键是要建立一套科学、实用的人才评价指标体系，从社会、学校、企业三个层面，对不同阶段学生工匠精神的领悟程度进行全面、客观评价，引导学生强化对工匠精神的认知，为学生就业奠定良好的基础。

（四）转变职业教育理念，重视培养学生工匠精神

如今，我国的很多职业院校普遍都存在着一项问题——教师对学生工匠精神的培养不够重视。忽视工匠精神的培养，无疑会阻碍教学质量的提高。为了解决这一问题，职业院校及教师必须要转变职业教育理念，通过实践来培养学生的工匠精神。[①] 具体来说，教师必须要充分认清工匠精神的重要性，从观念上认同工匠精神对学校发展、学生发展、社会发展的必要性，并在教学过程中积极主动地融入工匠精神，让工匠精神贯穿于课堂教学过程中，引导学生在学习职业技能的同时，也认识到精益求精、爱岗敬业的重要性。当然，重视培养学生工匠精神不仅需要学校和教师的努力，也需要学生家庭乃至整个社会的积极配合。例如，父母要支持学校的教育工作，社会要大力宣扬和肯定职业技能型人才对国家和社会发展做出的贡献，助力学生工匠精神的培养。只有如此，才能够使学生摆脱自卑心理，树立学习自信，进而积极主动地去努力学习和奋斗。

（五）营造良好的学习环境，潜移默化地提高学生能力

良好的学习环境对学生的成长非常重要。众所周知的"孟母三迁"的故事，就讲述了孟子之母为了让孟子在良好的环境中成长而三次乔迁的事情。古人尚且懂得这个道理，今人自当加以效仿。因此，在职业教育中，教师必须要给学生创设一个良好的学习环境，使工匠精神渗透到学校和课堂教学的方方面面之中，从而潜移默化地提高学生的学习能力，指导学生往正确的方向发展。只有在良好的氛围中，学生才会对工匠精神产生强烈的认同感，进而才会逐渐形成工匠精神。[②] 例如，职业院校可以将"发扬工匠精神"作为一种校园文化来进行

---

① 参见杨严严、李妙迪：《在职业教育中构建"工匠精神"的载体与制度保障》，载《苏州市职业大学学报》2016年第27期。

② 参见叶军：《工匠精神：职业教育的灵魂和支柱》，载《苏州市职业大学学报》2016年第27期。

大力宣传,或摘选一些关于工匠精神的名言警句张贴在学校宣传栏中,或组织学生开展以"发扬工匠精神"为主题的活动,或表彰学校中具有先进工匠精神的优秀学生……无论是哪种方式,其根本目的都是为了在校园中营造以发扬工匠精神为荣的学习氛围,致使发扬工匠精神成为校园中的新风尚。

(六)活化课堂教学手段,有效激发学生的学习兴趣

在职业教育中,工匠精神需要口传身教,因此,活化课堂教学手段,有效激发学生的学习兴趣对于传承工匠精神十分有益。俗话说,"兴趣是学生最好的老师",若想培养学生的工匠精神,激发学生的学习兴趣是必不可少的措施。学生只有先对专业课程产生浓厚的兴趣,对成为一名工匠大师产生浓厚的兴趣,才会愿意积极主动地学习与发扬工匠精神。而学习兴趣的激发则需要依托活化的课堂教学手段。对此,教师可以通过教学研讨、参加教学培训、自主反思等方式活化课堂教学手段,学会积极运用情景教学法、实践探究法、任务驱动法等教学方法开展教学活动,将课堂还给学生,充分体现学生的课堂主人翁地位,才能够有效激发学生的学习兴趣,使学生全身心投入,让工匠精神深深地烙印在学生的言行举止中,内化为学生的精神内核。

(七)理论教育联合实训,在点滴中渗透工匠精神

培养工匠精神,除了需要教师口传身教,还需要学生切身实践。职业教育的一项重要特色就是注重实训性,即工作实践。职业教育的主要人才培养方向是培养企业和岗位需求的职业技能型人才,而职业技能的培训必须要通过实践训练才能更好实现。同样,工作实践是传承工匠精神的基础,是渗透工匠精神最直接、最重要的路径之一。当然,基本的理论教育也是必不可少的,也就是说,理论教育联合实训,才是实现工匠精神培养的最有效措施。因此,职业院校要开展校企合作、产教融合,通过强化学生在学校中实训、在企业中挂职锻炼等方式使工匠精神在工作实践中内化为学生的职业素质。实践结果表明,理论教育联合实训最有效的方式之一就是校企合作,利用"校中厂"和"厂中校"等模式,增加实训课程所占比例,可以为学生提供更多的实训机会。① 所谓"校中厂",指的是企业将部分生产任务交给学校,由学校教师带领学生完成任务;而所谓"厂中校",则是指学校派遣学生到企业中进行实习,让学生亲自体验一线生产工作。只有在实践当中,学生才能够真正理解工匠精神的内涵和意义,并积极向具有工匠精神的教师与学生看齐。

总之,工匠精神融入职业教育符合我国企业发展的需求、符合我国制造业强国发展的需求、符合我国高等职业教育发展的需求、符合职业院校学生自我

---

① 参见高娜娜、郭再泉:《做好工匠精神培养,献力中国"制"造走向"质"造——职业教育如何做好工匠精神养成教育研究》,载《太原城市职业技术学院学报》2018 年第 4 期。

发展的需求，将工匠精神融入职业教育是十分必要的。为了更好地将工匠精神融入职业教育，应当要做到转变职业教育理念，重视培养学生的工匠精神；创设良好的学习环境，潜移默化地提高学生能力；活化课堂教学手段，有效激发学生的学习兴趣；理论教育联合实训，在点滴中渗透工匠精神。以培养高素质技能型人才为目标，培养更多的精益求精的大国工匠，是职业院校必须坚持的初心。只有将工匠精神融入整个职业教育体系，融入职业教育全过程，才能实现人才培养质量的提升，最终实现职业教育可持续发展的目标。

第二节　大数据时代高等职业教育的发展与创新

一、大数据的概念、特征和意义

沈卜铭在《论大数据的由来及其界定与特征》一文中将大数据（Big Data）定义为伴随数据信息的存储、分析等技术进步而被人们收集、利用的，超出以往数据体量、类型，具有更高价值的数据集合和信息资产。[①] 大数据具有四个基本特征：第一，巨量（volume），即数据总量庞大；第二，多样（variety），包括结构型、半结构型、非结构型等多种类型的数据；第三，价值（value），数据价值巨大，但利用率不高，基本处于稀疏状态；第四，高速（velocity），数据处理速度快，时效性强。这些特征表明了大数据面对的是全部数据，而不是随机抽样；重点关注的是相关关系，而不是因果关系；所追求的是大体方向，而不是精确指导。大数据核心的作用是预见未来。因此，未来人类必须学会如何和海量的数据相处。对个体而言，人类需要处理好个人直觉与数字证据之间的关系；对组织而言，人类需要理顺组织架构、决策流程与大数据之间的关系；对国家而言，人类需要探索如何创新大数据的搜集和应用方式，促使社会可持续发展。大数据赋予网络、设备和组织智商与情商，对国家治理、组织决策和个体生活将产生巨大的、积极的影响。

二、大数据对高等职业教育的影响

近年来，大数据强势进入我国高等职业教育领域，突破了传统教育理念的局限，创新了传统教育方法，有力地推动了我国高等职业教育的创新发展。

（一）对教育理念和思维方式的影响

在大数据时代，随着互联网、QQ、微博、微信、APP 等的日益普及，学生有了

---

① 参见沈卜铭：《论大数据的由来及其界定与特征》，载《科教导刊》2017 年第 2 期。

更加自由、灵活的学习和探索空间,求知的视野被极大拓宽;教师、学生有了更加方便快捷的交流互动方式;学校与社会的联系更加紧密;教育环境的时空界限和信息隔阂得以打破;弹性学制、个性化辅导、社区和家庭学习等新形式不断出现。传统的教育理念和教育思维方式必将为基于大数据的教学、管理及服务新理念、新模式所取代。

(二)对教育个性化的影响

在大数据时代,教师可以在学生不自知的情况下利用大数据观察、收集每一个学生个体的微观表现。例如,通过教学视频的暂停或回放功能了解学生解题过程中答题时间、正确率的情况,在不同学科的课堂上学生思想开小差的次数,学生学习上有哪些特点、困难、偏好、规律等。将这些数据集中起来,就能提供给我们关于每一个学生的学习需要、学习态度、学习方式等方面的信息,进而为每一位学生都创设一个良好的学习环境和个性化的课程,提供适合不同学生发展的学习内容和学习指导,创建一个早期预警系统,避免学生出现思想和行为方面的风险,最终促进每个学生个性发展,实现真正意义上的因材施教。

(三)对课堂教学模式的影响

我国高等职业教育还存在教育资源分配不均、人才培养质量总体不高、地区之间和学校之间发展不平衡等问题,这极大地影响了我国高等职业教育的整体发展。伴随着大数据发展的步伐,慕课、翻转课堂、微课、精品在线开放课、数字校园、云课堂等接踵而至。这些新的教学形式的出现,极大地改变了传统的课堂教学模式,打破了传统课堂教学的时空限制,创造了个性化、智能化的教学模式,降低了教育成本,使优质教学资源得以共享。例如,全球教育界的超级巨星可汗学院将3500多部教学视频放在网上,免费提供给世界各地的人们,实现了千万学生同时在线学习的教育神话。

(四)对教学评价方式的影响

传统的教学评价,主要采用考试、考查和操作等方式进行,是事后评价,其最大弊端是不能及时发现和纠正教学过程中的偏差。利用大数据,教育者则可以非常方便、及时地跟踪和关注师生的教学过程,记录师生的课堂表现以及课下行为,及时发现教学内容、教学方法、师生沟通以及学生的思想与行为等方面的情况,更好地改进、优化教学过程。

三、高等职业教育在大数据时代发展与创新的举措

(一)变革组织架构,把大数据管理放到高等职业教育管理的重要位置

在大数据时代,高等职业教育管理水平的提升主要体现在对大数据的管理上,大数据管理正在成为高等职业教育的核心竞争力。高等职业教育必须变革

组织架构，重构教育责任机制和数据保障机制，设立专业的数据管理机构并强化其在组织决策中的关键作用；制定各个层面的规范和保障数据搜集、使用、传播及安全的新准则，以此来有效获取和利用教育数据资源，提高教育精准预测和决策的能力，规避伴随着大数据而来的隐私泄露、数据垄断等风险。①

（二）加大大数据技术投资力度，全面提升数据管理水平

大数据是一种资源，要想将其转化为价值，就必须有相应的大数据技术和人才，包括大数据 IT 基础设施、大数据的深度分析和大数据分析结果的运用管理等方面的技术和人才。为此，高等职业教育必须大力培养和引进大数据技术人才，完善数据管理人才的激励机制，充分发挥数据管理人才的作用。同时，加大数据管理软、硬件的投入力度，积极引进教育大数据技术，建设以大数据为核心的智慧校园、智慧职教，实现全信息化智慧管理。

（三）改变传统狭隘的思维方式，实现高等职业教育大数据共享

长期以来，在高等职业教育领域，存在教师、学生有意隐瞒自身情况，学校和教育行政部门办事拖沓，信息数据搜集、整理及公开滞后，拥有大量的高价值数据却不共享等现象，这些传统狭隘的思维方式必然影响数据价值的共同开发和利用。高等职业教育必须树立开放性的大数据思维，构建教育信息共享机制和保障体系。教育行政部门要准确定位自身角色，充当高等职业教育领域的数据资源分配者、协调官和整合专家；高职院校要充当大数据运用与创新的主角，主动与政府、企业以及同类院校、中职学校、本科院校交流沟通、深度融合，共建、共创、共享高等职业教育大数据。

（四）转变管理者面对大数据的抵触心理，积极投身教育变革

在大数据时代，由于学生获取知识的信息源多样化，数据分析参与管理与决策在一定程度上降低了管理者的权威，以及管理者信息化技术和水平不高等原因，部分管理者面对大数据时心理上出现了抵触情绪。高等职业教育领域的各级管理者必须正视大数据的强势来袭，调整好自身心态，转变抵触心理，直面大数据带来的挑战，顶住压力，与时俱进，积极投身于大数据时代高等职业教育的变革浪潮；必须学会摆正“领路人”和“牧羊人”的位置，放低姿态，虚心学习，切实提高自己的信息化技术和水平，不断提升自己的数据分析和决策能力。

（五）提高教师信息化水平，改革传统教学模式

面对大数据带来的教学模式的变革，高职院校的教师是在传统的错误方向上继续“勤奋地工作”，还是积极主动地迎接大数据的挑战，成了决定高职院校生存发展的关键。显然，高职院校的教师只能选择后者，改变传统的教学模式，

---

① 参见胡弼成、邓杰：《大数据时代的教育变革：挑战、趋势及风险规避》，载《教育科学研究》2015年第6期。

迎接大数据的挑战。第一，转变以讲授为主的传统教育观念，适应课堂教学新模式的需要，将翻转课堂、微课等形式引入课堂，减少课堂灌输，充分发挥辅学、导学、答疑、互动、评价的作用，让学生主动学习。第二，积极参加信息化技术的培训和比赛，掌握和运用先进的信息化教学模式和手段，努力提高数据分析能力，全面提高课堂教学质量。第三，学习和运用数据密集型和计算驱动型科研模式，致力于新的教学内容和方式的创新。第四，不断提升自己的品德、知识和能力素养，在传授固有知识的同时，以立德树人为根本，培养和提高学生的综合素质。①

第三节　高等职业教育供给侧改革路径

一、"行知精神"是高等职业教育供给侧改革的实践品格

（一）高等职业教育供给侧改革的背景

在阐述教育供给侧改革这一问题之前，要先了解供给侧结构性改革这一基本概念。供给侧结构性改革原是经济改革问题的专业用语，指的是从提高供给质量出发，用改革的办法推进结构调整，矫正要素配置扭曲，扩大有效供给，提高供给结构对需求变化的适应性和灵活性，提高全要素生产率，更好地满足广大人民群众的需要，促进经济社会持续健康发展。中国特色社会主义教育制度体系要进一步完善，教育供给侧改革至关重要，教育供给侧改革强调扩大优质教育资源供给，为我国更多人群提供更公平的教育机会和更专业的教育质量。教育供给侧改革如何在高等职业教育中取得显著效果、培养特色优势人才是改革之路始终探索的目标。由于一些学生和家长长期受到刻板的就业思想束缚，毕业后一味追求"体面就业"，导致目前社会用人需求方面出现不能人尽其才的问题，人力资本出现短板。

现今学生就业压力非常大，很多企业单位在招聘中都要求有工作经验，这对于刚从学校毕业的学生是一种挑战。因此，社会迫切需要教育领域的供给侧结构性改革。一方面，提高教育供给端的质量、效率和创新性，根据不同类型的高等职业学校探索适应自身特点的培养教育模式。只有在公平上精准用力，在质量上求实效，才能实现教育公平，以教育公平促进社会公平。另一方面，根据需求端，促进职业教育与经济社会需求对接，着重培养适应社会需要的创新型、

① 参见张晓东、李巧玲：《大数据时代高等职业教育的发展与创新研究》，载《教育观察》2018 年第 1 期。

复合型、应用型人才。教育供给侧改革的真正要求是了解学生和社会的真正需要，推动教育均衡发展，使教育资源丰富多元、可选择性强，还要在马克思主义理论指导下给予教育供给侧结构性改革实践指导和方法论路径。

（二）培养学生“知行合一”的实践智慧

对供给侧结构性改革，在各个领域都有不同的解读。而在高等职业教育领域，改革的主体思想是从“行知精神”出发，用改革的方法推进结构调整，提高高等职业教育供给结构对需求变化的应用性。实施精准的教育供给、创新的教育供给，始终坚持“办人民满意的教育”，充分发挥国家、市场、家庭等主体之间的合力，真正做到人民群众享受受教育的权利，实现教育的公平性和普遍性。要把发展现代职业教育放在更加突出的位置，更好地支持职业教育发展。要把社会主义核心价值体系和优秀文化理念融入人才培养的全过程，“进一步增强办好中国特色社会主义大学的责任感、使命感，统筹做好教育改革发展稳定各项工作，为建设高等教育强国做出新的更大贡献”①。

高等职业教育供给侧改革应始终坚持“知行合一”的教育精神。在高等职业教育供给侧改革的过程中，要强化学生职业道德和职业精神的培养，重视对中国传统文化的弘扬。以道德为基础，达到“知行合一”，是我国传统文化对于实践和认识的完美结合。“知”是指道德的思想意识，“行”指的是行为实践，“知行合一”既强调道德的自觉与自律，也强调道德的践行作用。“知”“行”在道德实践中相互作用，形成统一，达到“善”的境界。在社会实践工作中，应摒弃完全以经济利益为重点的价值取向，发挥自己更多的价值和作用，实现社会与个人的协调发展。在职业教育改革中，要充分考虑市场经济的需要，在高端技能型人才培养中实现与职业教育方向的衔接，引领职业教育的发展。全面深化教育供给侧改革，加强教育系统内部的联动改革和有机衔接，推动高等职业教育人才培养模式的改革。

教师既是知识的传播者，也是学生的引导者；学生既是优秀文化和人文精神的传承者，也是社会活动的参与者。培养学生的职业能力，引导学生适应社会需求，树立爱岗敬业、精益求精的职业品质，践行“知行合一”精神，在实践中解决实际问题。教育改革的重点是建立促进学生身心健康、全面发展的长效机制。从新时期实践要求来看，必须深化教育结构性改革，坚持扎根中国与融通中外相结合，立足我国国情，遵循教育规律，吸收世界高等职业教育方面的先进办学、治学经验，坚定不移地走中国特色社会主义教育发展道路。

---

① 教育部：《陈宝生在教育部直属高校工作咨询委员会全会上指出　努力开创高等教育改革发展新局面》，载《中国高等教育》2016 年第 24 期。

二、工匠精神是高等职业教育供给侧改革的内在要求

(一)高等职业教育供给侧改革的具体内容

从学校层面来说,供给侧改革包括整合和优化课程资源,解决课程和课堂结构性问题,改变课堂流程,让课程和课堂结构符合事物发展规律和学生的认知规律,进而使学生在走出校门、步入社会时,在工作岗位上能够学有所长、学以致用。

面向未来,要优化教育资源配置,提高教育教学质量,推进教育内涵发展;要优化教育改革环境,形成改革共识与合力,推进教育和谐发展。要“系统规划,扎实推进,不断深化人才培养模式改革,稳步提高人才培养质量”①。要破难题、防风险、补短板,提高教学质量,突出结构调整优化和培养模式转变,实现更高质量、更有效率的发展。“公平而有质量的教育”对社会和学校都提出内在的要求。从学校层面来分析,学校在课程结构设置上要更加丰富,选择更加多样化;还要因材施教,设置更加适合个体的学习体系,使教学任务更加特色化和有针对性;课程设置和教学内容也要体现出时代特色和经济发展状况。

学校不仅肩负着教书的任务,育人的职责更为关键。要加强师德师风建设,教师要以自身为榜样,通过严谨的治学态度转变学生原有的思想观念;在生活中要与学生亦师亦友,共同改善校园整体环境。要让每个学生都能享受到公平而有质量的教育,也要让高等职业教育工作的每一个人都能够根据自己的实际情况和能力找到适当的位置。在应用技术型人才的培养过程中,高职院校应更加重视对培养对象实践能力的培养,在强调基础技能学习的同时,更加重视实际的工作能力、综合素质的提高,为我国社会主义现代化建设输送理论与实践相结合的优秀人才。

(二)培养学生精益求精的工匠精神

高等职业教育作为国民职业教育序列的顶端,肩负着职业人才供给和科学技术创新的双重使命;职业教育承担着培养大国工匠的责任,这对实现国家战略、支撑现代化文化强国建设具有重大意义。为了实现更高水平、更有质量的职业教育,在高等职业教育中实行供给侧结构性改革是十分必要的。要从教育自身上找问题,反思教育发展不平衡、不充分的深层次原因。职业教育改革的目标就是培养专业精神和职业素养的技术人才,在教学和校园文化中融入工匠精神,带动学生以精益求精的态度从事自己今后的专业,真正做到“术业有专攻”。

---

① 钟秉林:《人才培养模式改革是高等学校内涵建设的核心》,载《高等教育研究》2013 年第 11 期。

从社会层面上来看，大国工匠们也受到社会各界的高度认同。大国工匠都是从最基础的工人成长起来的，现在我们国家的职业教育还处在有很多问题的阶段。要在全社会范围提高工匠的社会地位和待遇，推崇从事专业技能和劳动的职业，尊重从事职业技术工作的人，在制度层面上保护工匠精神。国家每年有数百亿元用于促进就业的资金，学校更肩负着学生的就业指导和职业规划工作。因此，要加强就业的指导与培训工作，真正高质、高效、高能地利用教育资源，让我们努力培养出的工匠们在社会上有用武之地。

三、"五大发展理念"是高等职业教育"供给侧"改革的着力点

当前，我国经济、社会发展进入新常态，新常态就应有新理念。我党提出"创新、协调、绿色、开放、共享"的"五大发展理念"，集中体现了我国的发展思路、方向和着力点。教育也势必要主动适应经济、社会发展新常态，为推动我国教育改革发展，自觉贯彻落实"五大发展理念"，真正形成"润物细无声"的教育宗旨。

"创新"发展要求教育必须调动全员积极性和创造性，加快体制机制改革。要培养学生的创新精神，提高科技创新能力。我国传统文化中就有从国家、民族发展角度对创新的探讨，在今天教育改革中也应继承我国传统文化的精髓。创新发展是对中华传统文化创新思想的充实和完善。在"百花齐放"的创新环境中，破除发展障碍，建立充满活力的人才培养体系，为我国各方面的创新提供高素质人才、知识和技术支撑。

"协调"发展要求加强高校教育结构与经济社会发展水平精准对接，形成科教协同、融合发展的机制。推进学科结构布局合理化与平衡化，不同层次、不同类型教育投入比例更加协调，形成各种资源的有效汇聚，促进人才培养与社会需求紧密衔接。教育供给侧改革要想解决教育不平衡的问题，需要"补短板"，实现各方面均衡发展。"协调"发展也是对中华传统"和"文化的凝练和提升。

"绿色"发展要求我国教育必须坚持可持续发展理念。只有遵循自然规律，才能长远发展。在教育改革中，我们应该从中华传统文化中汲取营养，总结改革与发展的规律，注重发展内涵，走文明发展的道路。

"开放"发展要求我国教育通过整合内部资源、引进外部资源，引导教育合作向更深、更广的层次发展。要加强教育的开放与交流，学校与企业、科研机构之间的合作要更加紧密。实行"引进来"和"走出去"相结合的策略，加强与世界各国在人才培养、科学研究等方面的深度交流与合作，培养具有国际视野的人才。

"共享"发展要求教育必须更加注重提供优质教育，运用"互联网＋"等信息

技术手段，加快推进课程、师资等优质教育资源共享，推动教育整体水平不断提高，通过新媒介的扩展，逐渐实现教育公平。“共享”也是对中华传统文化中“公平”思想的现代阐释。

在教育供给侧结构性改革过程中，更加需要新的发展理念的指导。努力改善教育供给结构，实现教育改革从“需求侧的拉动”到“供给侧的推动”的根本转变。在教育改革过程中，要提高主体的素质和能力，激发主体的积极性和创造性，为我国社会、经济的发展蓄势增能。

第四节　新时代高等职业教育创新发展展望

一、机遇与挑战：高等职业教育发展的新时代背景

（一）高等职业教育发展进入新时代

新时代的经济发展呈现出新格局，主要表现为“互联网＋”经济发展新形态、智能制造生产新模式、“一带一路”对外开放新思路等。“互联网＋”可以促进跨界融合，发挥互联网在生产要素等资源配置中的优化和集成作用，改变传统行业与产业生产模式，不断创造新的商业模式与业态。

为适应经济发展新形态，世界主要经济体纷纷制定国家战略，如我国的《中国制造 2025》、美国的《国家先进制造战略计划》（NSPAM）、德国的“工业 4.0”、英国的《工业 2050 战略》等。制造业的转型升级使得企业对人才需求呈现出新的变化，越来越多的人力岗位被机器人取代，逐渐形成以智能化为主要特征的工业生产新模式。

由我国提出的“一带一路”倡议顺应了区域和全球合作潮流，契合了沿线国家和地区发展需要，有力助推了中国企业、产品、文化和服务的国际化发展，形成了全方位的“请进来”与“走出去”双向并进的开放新格局。高等职业教育对社会经济变化的反应最为灵敏，与行业、企业发展的联系最为密切。因此，我们迫切需要建立与新经济格局相配套的高等职业教育发展新模式。

（二）高等职业教育发展面临新挑战

基于当前经济发展的现状与趋势，高等职业教育发展面临着巨大的挑战，主要表现为职业岗位要求的新变化颠覆了传统人才观、教学内容与方法遭遇信息化挑战、传统办学模式与发展方式面临重塑与转型。

在新一轮信息技术革命中，智能化、自动化装备技术快速发展，主要职业门类中可自动化的工作岗位将大幅增加，“机器换人”已经成为世界制造业发

展的迫切需求。相关调查研究表明，在我国长三角、珠三角地区，“机器换人”热潮正在兴起。在未来的10～20年，美国将有47%的工作岗位可能转为自动化。“工业4.0”必将对高职层次的人才提出新要求。新要求颠覆了传统人才观，改变了技术技能人才培养规格，要求人才由单一岗位技能劳动者转为知识型技术技能劳动者，具备综合性、创造性、迁移性等职业群复合能力以及可持续发展能力。

高职院校应推动基于信息技术的教学改革，推动教学方式方法创新，拓展专业教育信息化内容。校企共同制定行业人才标准，改变以“课堂、教材、教师”为中心的传统教学模式，着力培养学生以信息化为基础的自主学习能力。作为办学主体的高职院校，在信息化发展浪潮的冲击下，正在步入开放、协同发展的新格局，通过加强政、行、校、企的深度合作，实现由单一办学主体向多元办学主体转变，提升协同育人质量。

（三）高等职业教育发展迎来新机遇

在“互联网＋”、智能制造、“一带一路”倡议等的影响下，高等职业教育发展迎来新机遇。“互联网＋”与教育的深度融合带来教学的革命，信息化手段为学校创新管理方式提供技术支撑。随着我国先进生产技术的对外输出，国际化技能人才培养成为高等职业教育新的发展需求。特色专业、跨境培养是职业教育国际化的重要议题。“一带一路”倡议的顺利推行，推动了沿线国家经济发展，也对技术技能型人才提出了新要求。因此，努力探索合理的共建跨国（境）特色专业的途径、方法，有利于进一步提升国际化技能人才的培养水平。①

二、跨界与融合：职业教育发展的新趋向

云计算、物联网、移动互联网、大数据、人工智能等信息技术的进步推动高等职业教育进入新的发展阶段，高等职业教育的职业能力观、教育体系等呈现出跨界与融合的特征。

（一）探究新职业能力观

随着新一代信息技术的发展和渗透应用，新职业岗位对人才的素质和能力提出了更高的要求，传统职业能力观受到极大的挑战。与经济发展及产业结构调整相对应，新职业能力观要求技术技能型人才以信息化运用为基础能力，适应生产方式创新与技术工具革新，知识与技能储备从满足单一、具体的岗位要求转向适应多岗位组成的职业群或职业面的要求；要求技术技能型人才具有收集、整理、使用信息技术的能力，自我学习与管理的能力，自主创新创业的能力，

① 参见钱闻明：《新时代高等职业教育创新发展研究》，载《教育与职业》2018年第12期。

以及跨文化沟通能力等综合能力。

(二)推进职业教育与普通教育融合

积极构建学习型社会为职业教育发展提供了更为广阔的舞台。当前,普通教育职业化与职业教育普通化成为教育发展的一个重要趋势。因此,要全面促进普通教育与职业教育互联互通,建立健全职业教育与普通教育的融合机制。具体实现途径为:高等职业教育层次上移,架设职业教育"立交桥",构建职业教育本、硕、博学位制度,推进社区教育,强化在职人员职业教育与培训。

(三)加快对接国际标准

在全球化、信息化高速发展的今天,联合国教科文等国际组织通过设立国际职业技术教育与培训中心(UNEVOC)等合作平台,促进和支持各国实施适当的技能发展计划,拓展国际职业技术教育交流与合作。在交流与合作中,多种特色鲜明的职业教育模式相互借鉴、相互渗透、不断融合,逐渐形成了在证书等级制度、学分互认等方面标准的对接。以英、美、澳、德、法等国为代表的发达国家争先出台并实施了跨国职业教育和培训行动计划,向发展中国家和地区输出职业教育。例如,《悉尼协议》是由西方多个发达国家的各类工程教育学会共同签署的国际工程教育资格互认协议,其标准强调以学生学习成果为导向,规范各领域毕业生应掌握的核心能力,尊重各专业的特点和特色。[①] 目前,我国已加快对《悉尼协议》的研究和对接,积极探索高等工程教育认证。

三、变革与创新:中国高等职业教育发展的新路径

习近平总书记在党的十九大报告里明确提出,要完善职业教育和培训体系,深化产教融合、校企合作。

当前,社会经济的加速变革推进了新技术、新组织、新业态等在生产、生活中广泛应用。高等职业教育作为与经济、社会联系最为紧密的教育类型,需要在组织架构、人才培养、专业调整、教学改革、国际化发展等方面开拓创新、勇于实践、创优提质。

(一)重新定位高等职业教育人才培养规格

面对新时期行业产业发展新变化,高等职业教育究竟应该培养什么规格的人才,需要重新梳理定位。

高等职业教育要立足自身办学实情,积极传承行业薪火,主动对接《悉尼协议》;遵循学生成长成才规律与职业教育规律,坚持立德树人,建立价值引领、知识传授与能力培养"三维并进"的育人体系。具体来说,要坚持文化育人,培育

---

① 参见刘美灵:《〈悉尼协议〉中汽车运用与维修技术的专业知识传播探讨——评〈汽车车身结构与维修〉》,载《新闻战线》2018 年第 3 期。

工匠精神和职业精神；坚持协同育人，深化教育教学综合改革，创新集团化办学模式，推行现代学徒制人才培养模式；坚持实践育人，完善实践教学体系，融入职业标准，对接工作过程；坚持创新育人，深化产教融合，抓实大学生创新创业教育，从而培养出符合产业转型升级需求的、德才兼备的高素质技术技能型人才。

（二）调整优化高职类专业设置和结构

高职院校专业设置要立足于学校办学条件，紧紧依托行业，积极服务国家战略；要主动对接区域经济社会发展需求，科学合理设置专业（集群），健全专业诊断与改进、专业动态调整机制。例如，化工类职业院校需明确自身专业发展定位，即以石化联合会及石化行业指导委员会关于行业发展的相关规划为依据，有效对接石油与化工产业需求，建设工艺、装备、控制、营销、环保等完整的专业链，服务行业和区域经济社会发展。紧紧围绕行业市场变化的新要求，主动适应石化产业转型升级与结构调整，建立基于大数据技术的专业预警与调整机制，合理调整专业设置。总之，调整优化高职类专业设置和结构，有利于增进高等职业教育与所属区域行业产业的匹配度，彰显高职院校的办学特色，提升高等职业教育的社会贡献度。

（三）主动参与行业终身教育体系构建

随着后工业时代的来临，终身教育被认为是谋求社会持续性发展的重要途途径。从国际上看，树立终身教育理念，构建终身教育服务体系，已成为世界教育改革与发展的共同趋势。高等职业教育是我国正在构建的终身教育体系的重要组成部分。高等职业教育作为一种特殊类型的高等教育，具有职前教育和职后教育两大功能，是各行各业人员继续教育的最佳选择，在构建终身教育体系、实施终身教育方面具有特殊的作用和地位。高职院校要紧紧依托行业，以继续教育为基础，以社区教育为切入点，打造终身学习平台，形成区域性教育资源的整体联动，为区域内员工及社区居民接受终身教育提供机会；要善于借助信息化手段，运用大数据技术，搭建线上线下学习平台，建成泛在化学习空间，建立行业学习成果认证中心（学分银行），开展对不同类型学习成果的认定，实现学分积累和转换。

（四）积极构建产教深度融合机制

当前，我国应用型人才的教育供给与产业需求在结构、质量、水平上还不能完全匹配，人才供需的结构性矛盾凸显。产教融合作为职业教育的生命线，肩负着打通应用型人才培养瓶颈的关键使命。深化产教融合成为推进人力资源供给侧结构性改革的一项迫切任务。

高职院校要建立健全政、行、校、企协同育人机制，强化与市县、园区、行业组织的深度合作；参与制定行业标准、企业用人标准、专业建设标准等，构建专业建设与产业发展的联动机制，增强专业设置与产业升级的契合度。要组建产教融合合作理事会，成立股份制合作、市场化运作紧密型行业职教集团（联盟），建设二级学院校企合作平台、高水平骨干专业建设委员会。要深化集团化办学，创新集团化办学模式；坚持以企业为主导、学校为主体、行业为指导、政府为保障的校企合作方式；建立专业支撑、师资互通、资本合作、资源共享的职教集团运行机制。职教集团通过整合各方资源，立足地方，依托大学科技园、科技企业孵化器、创新创业示范基地、众创空间、开放共享型实训基地及社区学院等，开展现代学徒制试点以及探索混合制二级学院和“双创”学院建设，构建校企协同育人多元化模式，建成集人才培养、创新创业、成果孵化、技术服务、培训鉴定、终身教育于一体的产教融合服务平台，从而促进教育链、人才链与产业链、创新链的有机衔接，实现多方共赢，切实落实产教融合。

（五）深入拓展高等职业教育国际交流与合作

近年来，起步较晚的中国高等职业教育主动顺应国际化发展潮流，利用后发优势实现跨越式发展，迎来了高等职业教育国际交流与合作的春天。“一带一路”倡议为职业教育国际化提供了新的空间与思路，我国正积极参与职业教育国际标准与规则的研究制定，扩大国际话语权，增强国家软实力。①

高职院校要充分发挥自身优势，有效利用国际教育资源，以提高国际知名度为目标，广泛参与职业教育国际交流与合作，创建国际知名职业教育品牌，培养具有国际视野、通晓国际规则的高素质优秀专业人才。具体来说，要进一步深化与境外应用型院校及教育机构的合作，创新职业教育国际交流与合作机制，搭建职业教育国际交流与合作平台；积极引进国外师资，招揽全球人才；扩大留学生规模，注重留学生培养质量；扩大在校生海外校际交流规模，让更多的学生获得海外学习、研究经历；通过学习借鉴《悉尼协议》，对接国际职业教育证书等级制度、质量保障与评价体系、专业认证标准等，完善高职专业教学标准②；通过设立“鲁班工坊”等实现境外办学，输出职业教育资源和中华文化。

① 参见冯宝晶：《“一带一路”视角下我国职业教育国际化发展的理念与路径》，载《中国职业技术教育》2016年第23期。

② 参见唐正玲、刘文华、郑琼鸽：《〈悉尼协议〉认证标准及其对我国高职专业教学标准的启示》，载《职业技术教育》2017年第4期。

主要参考文献

[1]顾明远、梁忠义主编:《世界教育大系:职业教育》,吉林教育出版社 2000 年版。

[2]贺国庆等:《外国高等教育史》,人民教育出版社 2003 年版。

[3]黄炎培:《教育大辞书》,商务印书馆 1928 年版。

[4]姜大源:《职业教育学研究新论》,教育科学出版社 2007 年版。

[5]匡瑛:《比较高等职业教育:发展与变革》,上海教育出版社 2006 年版。

[6]南海:《职业教育的逻辑》,山西人民出版社 2012 年版。

[7]瞿葆奎主编:《美国教育改革》,人民教育出版社 1990 年版。

[8]滕大春主编:《外国教育通史》,山东教育出版社 1992 年版。

[9]王平安:《职业教育实践教学概论》,南京大学出版社 2009 年版。

[10]张澎军:《德育哲学引论》,中国社会科学出版社 2008 年版。

[11]朱文富:《日本近代职业教育发展研究》,河北大学出版社 1999 年版。

[12][英]马克·贝磊编:《比较教育学:传统、挑战和新范式》,彭正梅等译,华东师范大学出版社 2007 年版。

[13]日本世界教育史研究会编:《六国技术教育史》,李永连、赵秀琴、李秀英译,教育科学出版社 1984 年版。

[14][日]宫地诚哉、仓内史郎编:《职业教育》,河北大学日本研究所教育研究室译,天津人民出版社 1981 年版。

[15][日]细谷俊夫编著:《技术教育概论》,肇永和、王立精译,清华大学出版社 1984 年版。

[16]曹晔:《职业教育课程演变:一种来自管理学习的诠释》,载《职业与技术教育》2009 年第 1 期。

[17]巢新冬、刘桂林:《中高职教育衔接:内涵、问题与对策》,载《成人教育》2014 年第 6 期。

[18]陈宝生:《加快发展职业教育,促进产校融合、校企合作》,载《职业教育(中旬刊)》2017 年第 3 期。

[19]陈功江:《我国高等职业教育可持续发展战略述评》,载《湖北社会科学》2012 年第 2 期。

[20]陈玲霖:《日本近代职业教育政策变迁研究》,南京师范大学 2014 年硕士学位论文。

[21]楚文波:《大数据技术在高职教育的应用与研究》,载《山东工业技术》2015 年第 12 期。

[22]丁晓昌:《省级统筹视角下“高职强省”建设研究——中国高等教育改革发展专题研究报告(节选)》,载《阅江学刊》2017 年第 4 期。

[23]董绿英:《中、高等职业教育衔接的制约因素及发展对策》,广西师范大学 2004 年硕士学位论文。

[24]杜晓利:《我国高等职业教育发展的现状、问题与对策》,载《职业教育研究》2006 年第 1 期。

[25]方法林:《中国高等教育供给侧改革研究:起源、核心、内涵、路径》,载《大学教育》2016 年第 09 期。

[26]方然:《西方职业教育理论发展的三大进程》,载《曲靖师范学院学报》2005 年第 1 期。

[27]冯宝晶:《“一带一路”视角下我国职业教育国际化发展的理念与路径》,载《中国职业技术教育》2016 年第 23 期。

[28]高娜娜、郭再泉:《做好工匠精神培养,献力中国“制”造走向“质”造——职业教育如何做好工匠精神养成教育研究》,载《太原城市职业技术学院学报》2018 年第 4 期。

[29]高雪飞:《美国社区教育在社区学院中的实现形式研究》,载《河北广播电视大学学报》2013 年第 3 期。

[30]关晶、李进:《现代职业教育体系研究的边界与维度》,载《中国高教研究》2014 年第 1 期。

[31]郭广军:《新时代高等职业教育供给侧结构性改革路径与供需联动机制研究》,载《教育与职业》2018 年第 4 期。

[32]韩振:《高等职业院校发展的困惑、难点与对策分析》,载《教育与职业》

2006 年第 3 期。

[33]洪浩:《德国高等职业教育的特点与启示》,载《中国地质教育》2006 年第 2 期。

[34]侯炜征:《行业企业参与高等职业教育动力机制研究》,载《职教论坛》2014 年第 11 期。

[35]胡弼成、邓杰:《大数据时代的教育变革:挑战、趋势及风险规避》,载《教育科学研究》2015 年第 6 期。

[36]黄诚:《中国特色高等职业教育的发展历程研究》,载《成都纺织高等专科学校学报》2014 年第 2 期。

[37]黄营满:《地方政府在高等职业教育管理中的角色定位研究》,湘潭大学 2007 年硕士学位论文。

[38]纪宝成:《通过素质教育培养和谐发展的人》,载《中国高教研究》2011 年第 1 期。

[39]教育部:《陈宝生在教育部直属高校工作咨询委员会全会上指出 努力开创高等教育改革发展新局面》,载《中国高等教育》2016 年第 24 期。

[40]柯俊:《当代澳大利亚成人和社区教育课程研究》,浙江大学 2017 年硕士学位论文。

[41]李富:《大数据时代世界产业发展的趋向及其对高职教育的影响》,载《教育与职业》2015 年第 18 期。

[42]李宏伟、别应龙:《工匠精神的历史传承与当代培育》,载《自然辩证法研究》2015 年第 8 期。

[43]李进:《论现代职业教育体系的治理现代化》,载《中国高教研究》2014 年第 11 期。

[44]李英英:《美国、澳大利亚、德国高等职业教育的启示》,华中农业大学 2011 年硕士论文。

[45]李英英、张俊:《美国社区学院发展历程及其启示》,载《继续教育》2011 年第 2 期。

[46]梁鹤:《现代职业教育体系视域下澳大利亚资格框架制度研究》,陕西师范大学 2016 年博士学位论文。

[47]凌海波:《澳大利亚职业教育与培训:体系构成及经验做法和启示》,载《继续教育研究》2014 年第 9 期。

[48]刘桂梅:《新西兰职业教育学徒制发展历程研究》,载《青岛职业技术学院学报》2016 年第 2 期。

[49]刘俊学:《"准就业":合作教育的多赢机制》,载《教育与职业》2006 年第 3 期。

[50]刘美灵:《〈悉尼协议〉中汽车运用与维修技术的专业知识传播探讨——评〈汽车车身结构与维修〉》,载《新闻战线》2018年第3期。

[51]刘山勋:《新西兰职业教育的发展及启示》,载《教育与职业》2011年第28期。

[52]刘玉:《美国高等职业教育对我国高等职业教育发展的启示》,载《无锡职业技术学院学报》2014年第3期。

[53]鹿林:《我国高等职业教育现状及发展趋势分析》,载《中国成人教育》2008年第22期。

[54]罗航燕:《澳大利亚高等职业教育体系研究》,华中师范大学2011年硕士学位论文。

[55]马长世:《我国高等职业教育发展面临的五大机遇》,载《教育与职业》2007年第26期。

[56]孟源北:《中高职衔接关键问题分析与对策研究》,载《中国高教研究》2013年第4期。

[57]彭厚英:《西方职业教育制度发展阶段综述》,《教育史研究》创刊二十周年暨中国教育史研究六十年学术研讨会议论文,2009年9月。

[58]浦震寰、洪少华:《中高职教育衔接中的主要问题与对策》,载《物流工程与管理》2015年第1期。

[59]齐善鸿:《创新的时代呼唤“工匠精神”》,载《道德与文明》2016年第5期。

[60]钱闻明:《新时代高等职业教育创新发展研究》,载《教育与职业》2018年第12期。

[61]秦峰:《澳大利亚TAFE及其对当代中国高等职业技术教育的启示》,南京师范大学2006年硕士学位论文。

[62]芮小兰:《高等职业院校可持续发展的问题与对策研究》,华东师范大学2010年硕士学位论文。

[63]沈卜铭:《论大数据的由来及其界定与特征》,载《科教导刊》2017年第2期。

[64]盛建军:《高等职业教育借鉴德国“双元制”模式的实践与创新》,载《中国电力教育》2014年第2期。

[65]盛卫才:《美国社区学院办学经验对我国高等职业教育的启示》,载《民办教育研究》2010年第1期。

[66]石学霞:《新西兰高等职业教育质量保障体系研究——以理工学院为例》,上海师范大学2012年硕士学位论文。

[67]孙翠香:《美国高等职业教育:现状、特点与启示》,载《职业技术教育》2015年第16期。

[68]孙晓莹:《德国职业教育对我国职业教育发展的启示》,载《教学研究》2006年第5期。

[69]谈向群:《澳大利亚TAFE教育对我国高职教育办学的启示》,载《教育探索》2013年第1期。

[70]汤百智:《高职"集群模块综合式"课程模式初探》,载《中国职业技术教育》2000年第2期。

[71]唐正玲、刘文华、郑琼鸽:《〈悉尼协议〉认证标准及其对我国高职专业教学标准的启示》,载《职业技术教育》2017年第4期。

[72]田志强:《新西兰高职教育的主要特点及启示》,载《中国成人教育》2008年第5期。

[73]王彬:《澳大利亚职业教育培训包研究》,西南大学2012年硕士学位论文。

[74]王江涛:《日本职业教育体系的历史溯源及其现代化启示》,载《中国职业技术教育》2013年第30期。

[75]王丽敏:《西方国家职业教育发展趋势研究》,载《职业时空》2006年第12期。

[76]王前新:《高等职业技术院校发展战略研究》,华中科技大学2004年博士学位论文。

[77]王祥云:《地方高等职业教育发展中的问题与对策》,载《教育探索》2008年第4期。

[78]王志梅:《中高职衔接人才培养中"学生本位"的研究》,载《中国高教研究》2016年第3期。

[79]温景文:《德国高等职业教育体系的考察与分析》,载《辽宁高职学报》2002年第2期。

[80]夏浩、周艳萍、张窝羊:《民办高职机械专业二元制教学探索》,载《山东工业技术》2018年第18期。

[81]肖凤翔:《我国现代职业教育体系研究的现状及思考》,载《中国职业技术教育》2012年第24期。

[82]肖凤翔:《行业协会参与现代职业教育治理的机理、困境和思路》,载《西南大学学报》(社会科学版)2016年第4期。

[83]肖海慧、蒋心亚:《高职院校核心竞争力提升路径的探索与实践》,载《继续教育研究》2016年第4期。

[84]肖群忠、刘永春:《工匠精神及其当代价值》,载《湖南社会科学》2015 年第 6 期。

[85]徐桂庭:《以工匠精神引领时代,以工匠制度创造未来》,载《中国职业技术教育》2016 年第 16 期。

[86]徐宏伟:《论职业教育的内在价值》,载《中国职业技术教育》2014 年第 9 期。

[87]徐立稳:《西欧学徒制度的产生与兴衰》,河北大学 2007 年硕士学位论文。

[88]薛栋:《精神重建与中国职业教育选择》,载《中国高等教育》2014 年第 8 期。

[89]杨进:《我国工业化进程与职业教育体系发展的研究》,上海师范大学 2015 年博士学位论文。

[90]阳淑:《澳大利亚完善的高等职业教育制度及启示》,载《教育与职业》2014 年第 14 期。

[91]杨明娜:《行业协会参与地方高等商科院校人才培养的模式构建研究》,电子科技大学 2009 年硕士学位论文。

[92]杨严严、李妙迪:《在职业教育中构建“工匠精神”的载体与制度保障》,载《苏州市职业大学学报》2016 年第 27 期。

[93]叶军:《工匠精神:职业教育的灵魂和支柱》,载《苏州市职业大学学报》2016 年第 27 期。

[94]殷红:《德国高等职业教育发展研究及对我国高职校企合作的启示》,天津大学 2012 年硕士学位论文。

[95]殷建:《新西兰的高等职业教育及其特点》,载《无锡职业技术学院学报》2002 年第 2 期。

[96]于东超:《高等职业教育“供给侧”改革路径分析》,载《继续教育研究》2018 年第 3 期。

[97]俞仲文:《浅谈高等职业教育办学模式的若干特征》,载《中国高等教育》1996 年 Z1 期。

[98]袁龙喜:《地方高等职业教育若干政策支持的思考》,载《芜湖职业技术学院学报》2003 年第 4 期。

[99]云娜:《构建行会平台,促进职业教育健康快速发展——行业协会参与职业教育激励机制探索》,载《广东轻工职业技术学院学报》2012 年第 4 期。

[100]曾杨:《新西兰高等职业教育特色研究》,西南大学 2008 年硕士学位论文。

[101]张兵令:《美国社区学院在构建学习型社会中的作用及启示》,载《科教导刊》2018 年第 7 期。

[102]张红云:《澳大利亚高等职业教育体系的特点及启示》,载《读与写》(教育教学刊)2013 年第 7 期。

[103]张辉、陶黎:《中高职衔接职业教育衔接模式初探》,载《中小企业管理与科技》(上旬刊)2015 年第 4 期。

[104]张娟娟:《工匠精神在职业教育中的回归与重塑》,载《职教论坛》2016 年第 35 期。

[105]张淼:《西方社会职业教育体系的现代性进程研究》,载《职教论坛》2013 年第 22 期。

[106]张世专、朱小玉:《澳大利亚职业教育发展趋势》,载《世界教育信息》2007 年第 7 期。

[107]张文财:《基于工匠精神视域下高职院校技能型人才培养》,东华理工大学 2018 年硕士学位论文。

[108]张晓东:《大数据时代高等职业教育的发展与创新研究》,载《教育观》2018 年第 2 期。

[109]张晓莉:《美国社区学院职业培训历史演变及借鉴启示》,山西大学硕士 2008 年学位论文。

[110]张永华:《中高职衔接教育的教学质量保障体系研究》,载《教育与职业》2013 年第 24 期。

[111]章雪冬:《新西兰职业教育特色及对我国职业教育改革的启示》,载《职业技术教育研究》2003 年第 1 期。

[112]章永刚、高建宁、邢丹:《"中国制造 2025"背景下专科高职教育发展的理性思考》,载《中国职业技术教育》2016 年第 28 期。

[113]赵保全、罗承选:《工匠精神融入高等职业教育理路探讨——兼论对职业院校精神的塑造》,载《山东高等教育》2018 年第 6 期。

[114]赵侠:《澳大利亚资格框架体系研究》,西南大学 2014 年硕士学位论文。

[115]赵小婷:《近代日本职业教育体系的创新(1853～1918)》,山西大学 2014 年硕士学位论文。

[116]赵彦彬:《日本近代发展职业教育的经验及其启示》,载《河北大学成人教育学院学报》2006 年第 1 期。

[117]钟秉林:《人才培养模式改革是高等学校内涵建设的核心》,载《高等教育研究》2013 年第 11 期。

[118]周大农:《中高职教育课程衔接的设计与思考》,载《职教论坛》2013 年第 3 期。

[119]朱涛、吉智、李荣兵:《中高职教育衔接的现状与存在的问题》,载《科技视界》2015 年第 1 期。

[120]朱伟芳:《中高职教育一体化衔接对策研究》,载《河南教育》(高教)2014 年第 9 期。

[121]朱文富:《日本近代职业教育的发展及其特点》,载《职业教育研究》1999 年第 3 期。

[122]朱雪梅:《美国高等职业教育发展模式:演进历程与经验启示》,载《教育学术月刊》2014 年第 10 期。

[123]訾燕:《澳大利亚高等职业教育的特色与启示》,载《中国成人教育》2015 年第 19 期。

[124]左家哺:《德国高等职业教育的特点》,载《湖南环境生物职业技术学院学报》2004 年第 2 期。

[125][日]天野郁夫:《日本高等教育的大众化与特罗"理论"》,陈武元、黄梅英译,载《国际高等教育研究》2001 年第 4 期。

[126]Arther M. Cohen. *The American Community College*. San Francisco: Josssy-Bass Publishers, 1996.

[127]Jack W. Fuller & Terry O. Whealon. *Career Education: A Lifelong Process*. Chicago: Nelson-Hall, 1979.

[128]UNESCO. Technical and Vocational Education and Training: A Vision for the Twenty-first Century. http://unesdoc.unesco.org/images/0011/001160/116096e.pdf.

[129]UNESCO. Shanghai Consensus: Recommendations of the Third International Congress on Technical and Vocational Education and Training. http://www.unesco.org/new/fileadmin/multimedia/hq/ed/pdf/concensus-en.pdf.